UNIDAD EN LA DIVERSIDAD

El Camino Adelante para la Humanidad

Benjamin Creme

Copyright © 2012 Benjamin Creme, Londres

Título del original inglés: Unity in Diversity

Autor: Benjamin Creme

Publicado por primera vez en Mayo 2012 en Estados Unidos por Share International Foundation

Primera Edición en castellano, en papel, Diciembre 2012

Segunda Edición en castellano, 2020

Traducido de la primera edición en inglés (Junio 2012) por el equipo de edición de Share Ediciones

Copyright © Share Ediciones

Apartado 149, 08171 Sant Cugat Vallés, Barcelona, España

Todos los derechos reservados

ISBN papel: 978-84-89147-71-3

ISBN mobi: 978-84-89147-50-8

ISBN epub: 978-84-89147-49-2

*La foto de la portada es una reproducción de un cuadro de Benjamin Creme titulado **Mandala – Unidad en la Diversidad** (c. 1969).*

Este libro está dedicado a mi
venerado Maestro sin cuya
visión y sabiduría no podría
haber sido escrito.

Índice

Prólogo

En este tiempo venidero, mientras nos adentramos cada vez más en la experiencia acuariana, encontraremos que la idea de la unidad y su relación con la diversidad se hace cada vez más significativa, y consistente con nuestra creciente comprensión de la evolución de la conciencia, que es el propósito central de nuestra existencia humana. La unidad para los Maestros es la realidad interior de nuestras vidas, reflejando la unidad de cada átomo en relación con todo otro átomo en el cosmos. Todos buscamos la unidad, sabiéndolo o no: es el logro destinado de nuestro anhelo y nuestra creación. Nuestra aspiración por mejorar nos impulsa hacia la unidad. La diversidad también, debemos comprender, es la realidad de nuestro ser, reflejando como lo hace la individualidad única de cada persona. Debemos comprender que la humanidad es Una, y actuar acordemente.

En este libro intento mostrar algunos de los profundos acontecimientos de gran alcance que subyacen en el sendero hacia la unidad. También las partes que naciones específicas, en toda su diversidad, están desempeñando en impulsar el Plan de evolución, como es comprendido e iniciado por la Jerarquía Espiritual de Maestros en este ciclo mundial. El libro contiene diez artículos de uno de los Maestros de Sabiduría, entremezclados con charlas mías, y preguntas y respuestas relacionadas. Los temas abarcan desde las relaciones políticas e internacionales a las grupales, todo con el tema esotérico subyacente de la unidad en la diversidad, junto con comentarios sobre asuntos actuales relacionados de la primera década del siglo XXI.

La diversidad de la humanidad es en gran medida el resultado de las diferencias en las estructuras de rayos individuales y nacionales. Los Rayos son flujos de energía, siete en número, que cada persona y nación demuestra como parte de su composición energética. Las diferentes cualidades de rayo son expresadas al nivel del alma y personalidad tanto en individuos como en naciones. Unas pocas naciones antiguas demuestran algo de su cualidad de alma pero la mayoría, sobre todo las naciones jóvenes, demuestran principalmente su rayo de la personalidad. Lo mismo ocurre en relación al individuo. Siendo esto así, la cualidad e identidad de una nación es creada principalmente por los individuos más avanzados de cualquier país.

Un gran experimento triple se está llevando a cabo en la construcción de identidades nacionales: diferentes formas de crear una unidad de la diversidad. En el Reino Unido representantes de todos los pueblos de las naciones del Commonwealth viven juntos más o menos de forma pacífica, mientras mantienen firmemente sus identidades separadas. EEUU es realmente una amalgama de representantes de muchos países europeos trasplantados a través del océano, mezclándose hasta que surge algo nuevo, un norteamericano. Los ahora estados independientes de la antigua URSS mantienen su independencia, mientras que continúan formando parte de una 'amplia' federación, que se extiende desde Europa hasta Vladivostok.

Se verá que tres grandes ideologías –democracia, comunismo y fascismo– que en la actualidad han dividido a la humanidad son en realidad nuestros intentos por expresar, por más que inadecuadamente y con mucha distorsión, nuestra vaga conciencia despierta de los tres aspectos de la intención divina que podemos conocer en este momento. Esto muestra la necesidad de una mayor tolerancia por las diferentes estructuras políticas. De igual forma, los grupos de trabajo necesitan encontrar formas de integrar a los diferentes individuos que conforman estos grupos, y trabajar hacia el consenso y la unidad. La unidad es el único sendero hacia delante para la humanidad.

Información básica

Estas conferencias y preguntas y respuestas fueron dirigidas principalmente a grupos familiarizados con mi información y publicaciones previas. Por tanto hablo libremente sobre el Señor Maitreya y los Maestros de Sabiduría, sin la necesidad de explicar quiénes son, Su trabajo y relación con la humanidad. Para nuevos lectores, sin embargo, cierta explicación es esencial y ofrezco la siguiente exposición breve de Su trabajo y planes.

Los Maestros de Sabiduría son un grupo de hombres perfeccionados que nos han precedido en evolución y realmente han alcanzado un punto en el que Ellos ya no necesitan encarnarse en nuestro planeta. No obstante, permanecen en la Tierra para supervisar la evolución del resto de nosotros. Ellos son los Custodios del proceso evolutivo, los Guías, los Mentores, los Protectores de la raza, y trabajan para cumplir el Plan de evolución de nuestro Logos Planetario a través de la humanidad y de los reinos inferiores. Durante muchos miles de años Ellos (y Sus predecesores) han vivido principalmente en las áreas montañosas y desérticas remotas del mundo: los Himalayas, los Andes, las Montañas Rocosas, las Cascadas, los Cárpatos, el Atlas, los Urales, Gobi y otros desiertos. Desde estos retiros montañosos y desérticos Ellos han supervisado y estimulado la evolución humana desde detrás de la escena.

Durante más de 500 años Ellos se han preparado para un retorno en grupo al mundo cotidiano que, yo sostengo, se está produciendo ahora. En julio de 1977, Su jefe y líder, el Señor Maitreya, que encarna el Principio Crístico (la energía del Amor) y ocupa el puesto de Instructor del Mundo, descendió de su retiro en los Himalayas y entró en Londres, Inglaterra, Su 'punto focal' en el mundo moderno. Maitreya vive en la comunidad asiática de Londres como un hombre 'normal y corriente' esperando el momento apropiado para presentarse abiertamente ante el mundo. Él es esperado por los grupos religiosos bajo diferentes nombres: el Cristo; el Imán Mahdi; el Mesías; Krishna; Maitreya Buddha. Él no viene como un líder religioso sino como un educador en el sentido más amplio de la palabra.

La presencia de Maitreya impulsará a la humanidad a realizar los cambios necesarios en nuestra vida política, económica y social que garanticen la paz, la justicia y la libertad para toda la humanidad. Su principal preocupación es la disparidad en los estándares de vida entre el mundo desarrollado y en desarrollo, que, Él dice, amenaza el futuro de la raza. El terrorismo es uno de los principales síntomas de estas divisiones. Maitreya ve el principio del compartir como la clave para la solución de nuestros múltiples problemas, y el medio de llevar a la humanidad a las correctas relaciones. Maitreya ha dicho: "Tomad la necesidad de vuestro hermano como la medida de vuestra acción y solucionad los problemas del mundo. No hay otro camino". Desde enero de 2010 Maitreya ha aparecido en televisión (aún de incógnito) en Norteamérica, México y Brasil, y continuará dando entrevistas en Japón, Europa y muchos países en todo el mundo.

En enero de 1959 fui contactado por uno de los Maestros del Himalaya y poco después por Maitreya mismo. Se me ofreció la labor de preparar el camino para Su emerger, creando el clima de esperanza y expectación, una labor en la cual he estado involucrado ya 38 años. En el curso del entrenamiento por parte de mi Maestro para prepararme para este trabajo, establecimos un vínculo telepático momento a momento bidireccional. Esto le permite comunicarse conmigo, con el mínimo de Su atención y energía. Él forjó un instrumento a través del cual Él pudiera trabajar, y que fuese sensible a Su mínima impresión (por supuesto, con mi completa cooperación y sin el más mínimo infringir de mi libre albedrío).

Los artículos del Maestro contenidos en este libro fueron dictados por Él originariamente para la revista *Share International*.

Más información sobre Maitreya y los Maestros puede encontrarse en mis libros, así como también en la revista *Share International*, y en el sitio web de *Share International*. Para más detalles véase al final del libro.

Me gustaría reconocer mi agradecimiento a grupos de personas en Londres y EEUU cuyo trabajo ha hecho posible la publicación de este libro. Mi agradecimiento específico a Michiko Ishikawa, de Berkeley, California, que nuevamente organizó de una forma que fuese legible el diverso material que contiene el libro.

Londres, Marzo 2012

Benjamin Creme

Nota del Editor: La charla de Benjamin Creme sobre unidad en la diversidad y preguntas y respuestas relacionadas en este libro, fueron dadas a grupos en EEUU asociados con el escritor. Por tanto muchas de las preguntas son desde una perspectiva norteamericana y en un periodo especialmente contencioso de la historia de ese país.

El resto de preguntas y respuestas fueron originariamente publicadas en la revista *Share International* entre 2006 y 2011, y, con unas pocas excepciones, no han sido publicadas en libros anteriores. La fecha de su publicación original aparece al final de cada pregunta.

Unidad en la Diversidad

Las Prioridades de Maitreya

Por el Maestro —, a través de Benjamin Creme

Mientras el mundo espera, expectante, a Maitreya, y la liberación, aún queda mucho por hacer para preservar el planeta y la humanidad. No obstante, los hombres tienen poco tiempo que esperar a que Maitreya comience Su servicio abierto. Corto, realmente, por tanto, es el tiempo que queda para preparar Su camino, para decir a los hombres que la ayuda y la esperanza están al alcance de la mano, que el Instructor está aquí, deseoso de hablar directamente a las personas de todas las naciones.

Apresurad, pues, vuestros esfuerzos. Daros prisa para informar a todo aquel que escuche que la hora destinada ha llegado, que pronto la humanidad se regocijará en la presencia del Instructor. Decidles esto y mantened su esperanza y valor. Muchos ahora escucharán cuando antes no lo hacían; la ansiedad y el temor han afectado a los hombres. Las señales, también, han hecho su labor y han despertado a millones de personas a acontecimientos y revelaciones esperados. Nunca antes en la historia del hombre tantos habían percibido los cambios próximos ni comprendido su necesidad.

Por tanto, en un mundo expectante y preparado emergerá Maitreya, seguro en el conocimiento que Su presencia es anhelada y esperada con impaciencia.

Maitreya delineará para los hombres las prioridades que por sí mismas preservarán y salvaguardarán el planeta Tierra y todos sus pueblos. La necesidad de paz es primordial porque sin paz todo lo demás se pierde. La paz, Él afirmará, solo puede asegurarse a través de la creación de Justicia. La falta de Justicia es la engendradora de la guerra y el terrorismo. La Justicia, Maitreya sostendrá, puede lograrse solo a través del Compartir. Compartir, por tanto, es la clave para la paz y seguridad mundial.

Maitreya dirigirá con más urgencia las mentes de los hombres hacia los males del planeta Tierra mismo. Sin un planeta saludable y robusto el futuro para las generaciones venideras está en peligro. Maitreya resaltará la urgencia de acción ahora para restablecer el equilibrio de nuestro hogar planetario que sufre, y requerirá todas las manos, viejas y jóvenes, para esta labor fundamental.

La suerte de aquellos que ahora padecen hambruna en un mundo de abundancia centrará la principal preocupación de Maitreya: "Nada Me aflige tanto como esta vergüenza", Él dice, y busca galvanizar la creación de un amplio programa de ayuda para los pobres del mundo a una escala desconocida hasta ahora.

Estas son las prioridades inmediatas, para hacer sólido y seguro el futuro para los hombres. El libre albedrío del hombre es sacrosanto y no puede infringirse; el ritmo de implementación de estos requisitos fundamentales está sujeto, por tanto, a la voluntad de los hombres.

Los hombres se enfrentan ahora a la elección: ver al mundo como Uno y compartir, y conocer la seguridad y la Paz bendita y la felicidad, o presenciar el fin de la vida en la Tierra.

Maitreya está emergiendo ahora para asegurar que la elección del hombre se haga sabiamente. No temáis, Maitreya ya conoce la respuesta del hombre, y se alegra.

(*Share International*, Octubre 2006)

Unidad en la Diversidad

Por el Maestro —, a través de Benjamin Creme

A lo largo de los siglos, los hombres han adoptado muchas formas diferentes de gobierno, que van desde el más despótico al más igualitario. Hoy, la mayoría de países han optado por una forma de democracia, es decir, una escogida por voto popular por un partido político u otro. Se asume que el sistema de votación utilizado es justo, honesto, libre de procedimientos ilegales y fraude.

Desafortunadamente, como muestra la historia reciente, esto no es siempre el caso, incluso en aquellos países que ponen gran énfasis en la integridad de su proceso electoral. El engaño y la duplicidad abundan, hombres y facciones llegan al poder con artimañas y engaños.

Más autoritarios son aquellos estados de un solo partido donde las decisiones las toma un comité de 'hombres fuertes' respaldados por el ejército y la policía. El pueblo tiene poco que decir en las leyes que les gobiernan y a menudo, de momento, no sienten la necesidad de reclamar dichos derechos.

Algunos países están bajo el yugo de déspotas crueles, ávidos de poder y de la riqueza que le acompaña. Algunos están gobernados por fanáticos confundidos, seguros de que ellos y sus seguidores están en las manos de Dios y llevan a cabo Sus planes. Otros están luchando para ayudar a sus pueblos a salir de la pobreza y del dolor, y para defenderse de las exigencias de sus ricos vecinos.

Otros aún están luchando por su independencia o están sumidos en el caos y la guerra civil.

Los hombres deben tomarse muy en serio la lección de estos indicios: muchas son las formas para organizar las necesidades de los diferentes pueblos. Una mayor tolerancia, por tanto, es necesaria al abordar este tema vital. Las energías de los rayos que gobiernan a las naciones son diferentes y requieren diferentes estructuras para expresar sus cualidades. No es el Plan evolutivo que una forma de gobierno, democrática o de otra índole, prevalezca. Las necesidades de los hombres son más reales e importantes que las ideologías. La tolerancia de las diferencias une, mientras que las ideologías dividen.

Cuando Maitreya hable abiertamente, por tanto, Él mostrará que la unidad en la diversidad es la clave para la armonía futura. Que todas las naciones tienen un destino, único y sagrado. Él indicará el camino para alcanzar este bendito estado y animará a los hombres a abrir sus corazones a una comprensión más sabia del Plan. Bajo la orientación de Maitreya, los hombres llegarán a apreciar y valorar la riqueza de los logros propios y de otros. El impulso de competir y dominar gradualmente disminuirá y un nuevo capítulo se abrirá para los hombres en fraternidad y paz. Así será.

(*Share International*, Mayo 2006)

Comentarios sobre 'Unidad en la Diversidad'

*El siguiente artículo es una versión editada de una charla impartida por Benjamín Creme en la Conferencia de Meditación de Transmisión celebrada cerca de San Francisco, EEUU, en Agosto 2006. Publicada en **Share International**, Enero/Febrero 2007.*

Antes de hablar sobre mis puntos de vista del artículo del Maestro, 'Unidad en la Diversidad' [reproducido en páginas anteriores], e intentar ampliar el tema, me gustaría refrescar vuestras mentes sobre las perennes necesidades de la humanidad, listadas bajo el apartado de 'Prioridades de Maitreya[1]. Hago esto porque si son correctas, y yo creo que lo son, estas prioridades, cuando se nos coloquen frente a nuestros ojos y ocupen constantemente nuestra atención, se satisfarán con más rapidez. En todo aquello que quitemos nuestra atención, obviamente no se satisfará, y eso es lo que ocurre actualmente.

Cada pocos años hay una crisis, un terremoto, un tsunami, o una terrible hambruna que afecta a zonas de África u otro lugar. Inmediatamente, los corazones de la humanidad se despiertan a esta crisis, y las personas hacen todo lo que está en sus manos para recaudar los máximos fondos posibles para satisfacer las necesidades críticas del momento. Mientras que se preste atención a esa crisis, esa necesidad se satisface. Enormes sumas de dinero se donan y canalizan para resolver las necesidades del país afectado. Después de un mes o dos, los medios de comunicación dejan de solicitar más dinero. La necesidad parece haber sido satisfecha, tanto si la ayuda fue correctamente distribuida como si no. La forma mental de necesidad, de urgencia súbita y desesperada, desaparece de nuestro pensamiento y volvemos a nuestros propios asuntos.

¿Cuántos conciertos para recaudar fondos hemos tenido? ¿Cuántas veces las personas han recaudado fondos para organizaciones benéficas, bajo el lema: 'Salvad a los Millones de Hambrientos'? Es un acontecimiento único cada pocos años, mientras que los millones de personas hambrientas del mundo necesitan una justicia económica real. Maitreya, podéis estar seguros, pondrá frente a la humanidad la necesidad continua de poner fin

---

1   Para más debates detallados sobre las Prioridades de Maitreya, ver La Misión de Maitreya, Tomo III, Capítulo 1.

a la catástrofe que sucede a diario: 35.000 personas mueren de hambre en un mundo de abundancia. Día tras día, semana tras semana, mes tras mes, año tras año, esa catástrofe continúa. Es el momento de afrontar esta trágica situación para millones de personas y ponerle fin para siempre.

Yo creo que se necesitará a Maitreya para que se haga, no a Maitreya mismo, sino a la presencia de Maitreya, las enseñanzas de Maitreya, la urgencia ejercida por Maitreya, la vergüenza, como Él la denomina. "Nada me aflige tanto como esta vergüenza", Él dice. "El crimen de la separación debe ser arrojado de este mundo. Yo afirmo eso como Mi propósito". Ese es el primer propósito, la salvación de los millones de personas que sufren hambruna en el mundo. Es útil para grupos de este tipo concentrarse y siempre mantener el enfoque en las prioridades de Maitreya, no solo en una charla, sino siempre ser conscientes de las principales necesidades de la humanidad en su conjunto.

Os recordaré una vez más las prioridades de Maitreya como las ve mi Maestro, dadas en el artículo, El Hijo del Hombre (*Share International*, Junio 1984)

"Consideremos Sus prioridades: el establecimiento de la paz; la inauguración del sistema de compartir; la eliminación de la culpabilidad y el temor – la purificación de los corazones y mentes de los hombres; la educación de la humanidad en las leyes de la vida y el amor; una introducción a los Misterios; el embellecimiento de nuestras ciudades; la eliminación de los obstáculos para viajar y para el intercambio entre los pueblos; la creación de un fondo de conocimiento accesible para todos."

Esa última, "un fondo de conocimiento accesible para todos", uno podría considerarlo como Internet cuando esté disponible libremente para todos, que no lo está actualmente. Cuando esté disponible libremente para todos, para cada país sin excepción, para cada persona, nada retenido que la humanidad necesite, eso será como si todos fuesen dueños de todos los libros de las librerías de Alejandría.

Con eso en mente, consideremos nuevamente las palabras del Maestro en Su artículo, 'Unidad en la Diversidad'.

"A lo largo de los siglos, los hombres han adoptado muchas formas diferentes de gobierno, que van desde el más despótico al más igualitario."

El más despótico nos gustaría que fuese del pasado, y pienso que en líneas generales es así. Los realmente grandes déspotas, Gengis Khan y sus homólogos, afortunadamente pertenecen al pasado, pero aún existen muchos déspotas, y algunos muy recientes. Uno podría nombrar a Hitler y Mussolini y compañía. Uno puede pensar en los diversos dictadores militares de derechas que este país, Estados Unidos, encumbró en países de Sudamérica como Chile.

Chile tenía un gobierno democrático elegido libremente con Salvador Allende, que resultó ser de izquierdas. Eso era inaceptable para el gobierno de Estados Unidos, así que se libraron de él. La CIA orquestó un golpe de estado, que derrocó a Allende y a su gobierno, e instaló a un dictador de índole fascista, un estrecho amigo de la Sra. Thatcher, el general Pinochet, bien conocido por su dictadura despótica. Cuando es citado por los tribunales para encausarle por sus acciones, siempre sufre de una dolencia cardiaca, no puede caminar, está demasiado enfermo incluso para personarse en el tribunal para enfrentarse a sus acusadores.

"Hoy, la mayoría de países han optado por una forma de democracia, es decir, una escogida por voto popular por un partido político u otro. Se asume que el sistema de votación utilizado es justo, honesto, libre de procedimientos ilegales y fraude."

Si eso fuese verdad. Una de las tragedias para Estados Unidos y para el mundo ha sido la forma extraordinaria en que la actual administración [del Presidente George W. Bush] fue catapultada al poder de la forma más fraudulenta, corrupta e ilegal en toda la historia de los procedimientos ilegales, volviendo hasta los siglos XVIII y XIX en Inglaterra.

Esa era una época en los que los candidatos al Parlamento compraban votos por galones, es decir galones de cerveza. Recorrían todas las pequeñas ciudades y daban a todos pintas, todas las que pudieran beber, y una comida abundante durante ello, y monedas de oro que valían una guinea la pieza. Estas guineas de oro colocaron en el Parlamento a decenas de hombres sin otra razón que la de ser hombres de negocio, y ser un miembro del Parlamento era bueno para sus negocios. Les confería poder e influencia, que de otra forma no tendrían. Práctica ilegal solo era el nombre del juego.

Actualmente las elecciones en Gran Bretaña son mucho más imparciales. No son 100 por ciento limpias, pero son más imparciales. Normalmente, durante unas elecciones o después de ellas, sale a la luz que, no el partido en su conjunto, sino el partido local en alguna ciudad, ha urdido un plan para obtener un mayor porcentaje de votos del que le tocaba. Eso sucede. En Gran Bretaña, los pequeños fraudes de la 'madre de los parlamentos' aún tienen lugar pero nunca hemos sido testigos en ningún sitio en tiempos modernos del tipo de corrupción que fue practicada en las elecciones norteamericanas para el segundo mandato del presidente Bush. Todos somos conscientes de las prácticas ilegales que le llevaron al poder en primer lugar. Al Gore ganó las primeras elecciones y se le denegó el triunfo. Kerry ganó las segundas elecciones de forma contundente y le fue denegado el triunfo.

Tengo entendido que uno de los trucos utilizados, (solo uno de muchos), fue que en aquellas zonas en que se utilizó el voto electrónico, uno de los principales proveedores de máquinas de votar era un recaudador de fondos clave del partido republicano. Su empresa manipuló las máquinas para que cada quinto voto para Kerry fuese automáticamente convertido en un voto para Bush. Conozco a una mujer de Massachussetts que utilizó una máquina para votar. Ella votó para Kerry. La máquina tenía un mecanismo por el cual uno podía comprobar que el voto se había registrado. Ella lo comprobó y salió que había votado para Bush. Lo volvió a comprobar y volvió a salir Bush. Salió 18 veces Bush antes de salir Kerry. Uno no puede imaginar la magnitud del fraude de las pasadas elecciones norteamericanas. Ha sido para el mundo una tragedia absoluta.

No puedo demostrarlo, por supuesto, pero estoy convencido de que si Al Gore hubiese ganado las primeras elecciones (algo que de hecho hizo), el 11/9 no hubiese sucedido. Estoy seguro de que fue planeado antes de eso. La planificación hubiese continuado, pero pienso que las acciones de Gore hubiesen sido tan diferentes de las de la actual administración que no hubiese habido la misma sensación de urgencia y la misma voluntad para llevar a cabo el 11/9.

Si el 11/9 no hubiese sucedido, este mundo sería un lugar completamente diferente. El 11/9 proporcionó a la actual administración norteamericana la oportunidad de invadir Afganistán. Los talibanes eran un régimen islámico fundamentalista muy rígido y severo, muy difícil con el que convivir, pero no eran, en su conjunto, terroristas. Ahora, después de haber sido derrotados en la lucha en Afganistán, se han reagrupado y han regresado, aprendiendo todas las formas de terrorismo. Ahora son terroristas, y van a Irak, que está abierto para todo aquel que desee crear caos.

Una nación entera de terroristas ha sido creada en Afganistán sin necesidad alguna. El ataque contra Irak fue una terrible tragedia para el mundo. Ahora se encuentran al borde mismo de una guerra civil. De hecho, actualmente está librándose una guerra civil a pequeña escala. No tiene lugar en todo el país, afortunadamente, pero es una guerra civil de todos modos. Pienso que no existe ninguna guerra más terrible que una guerra civil.

Durante la guerra civil española, una acera de la calle estaba a favor de Franco y la otra acera estaba a favor del gobierno republicano. Luchaban y se mataban entre ellos, al igual que se hizo más recientemente en Kosovo y Bosnia en los Balcanes bajo el auspicio de Slobodan Milosevic, entonces presidente de Serbia.

El mundo ha llegado a un punto no solo de no retorno sino de crisis total, confrontación total entre el bien y el mal, entre aquello que crea armonía y aquello que produce lo opuesto. Esto es el resultado de la energía de la Espada de la División. En la Biblia cristiana leemos que Jesús dijo: "Estarán divididos el padre contra el hijo y el hijo contra el padre", etc, todo muy destructivo. La Espada de la División, por más irónico que pueda parecer, es la energía del Amor. Eso es lo que ha estado sucediendo y está sucediendo ahora, y será enfocada hasta un punto sutil por Maitreya.

Es la energía del Amor que fluye a través de todos los planos. Satura el mundo, y su efecto en la humanidad es hacerte más lo que eres. Si eres una persona de buena voluntad, eso se estimulará y potenciará. Si eres destructiva, de mala voluntad, te vuelves más eso. Todo, tanto bueno como malo, se estimula.

De esta manera la humanidad verá muy claramente qué tiene que hacer. Si esto no sucediera, podríamos creer que podemos seguir adelante como estamos. Sería difícil, pero podríamos pensar que con el tiempo, quizás, las cosas amainarán y todo volvería a estar bien, como nunca lo estuvo en el pasado. La Espada de la División agudiza las diferencias y deja claras las opciones para la humanidad. Cada vez más personas, con la visión agudizada que la Espada nos proporciona, ven que ya no existe una alternativa para la paz. Si no tenemos paz, tendremos una destrucción completa de toda la vida en el planeta.

La paz, entonces, ya no es una opción para la humanidad: es esencial. Esta comprensión es el resultado de la acción de la energía del Amor de Maitreya. Es la Espada de la División, delineando claramente el camino hacia delante para la humanidad: a través de la fraternidad, la justicia, el compartir y la paz; a través de la libertad, las correctas relaciones y todo lo que fluya de esto. Es eso, o continuar con las formas del presente y destruir toda vida.

La Espada de la División de Maitreya pone ante la humanidad esta confrontación de blanco y negro para que lo vea con claridad, agudeza, sin bordes borrosos. Escogemos un bando o el otro. Tomamos el sendero de las correctas relaciones humanas, de la construcción y la armonía, por un lado, o el sendero de las incorrectas relaciones humanas y finalmente de la destrucción total para todos, por el otro lado.

Es tan importante que antes de otras elecciones todos en este país [EEUU] insistan en un sistema de votación completamente diferente. No deberíais aceptar el sistema de votación de las dos últimas elecciones. Las últimas dos sé con certeza que fueron más fraudulentas que cualquier otra de una 'república bananera'. Fueron escandalosas, para vosotros y para el mundo, y algo que no deberíais permitir que vuestro gobierno vuelva a hacer.

Tiene que ser un sistema de votación con una comprobación de vuestro voto. Eso debe ser para cada voto individual. No debe permitirse que ninguna máquina usurpe el voto manual, ninguna de las artimañas utilizadas de forma masiva en las pasadas elecciones. Todos sabían que la inmensa mayoría de los jóvenes querían un cambio y votarían a Kerry. Así que en muchos lugares, fueron agrupados juntos en salas especiales y no se les permitió unirse a las colas de los que esperaban para depositar su voto. Se les dejó allí durante horas. Si mantienes a jóvenes de 18, 19 o 20 años durante horas, esperando para votar, no se quedan. Se marcharon a montones.

Tales prácticas fueron generalizadas. Es así de sencillo. Simplemente mantienes apartados a los jóvenes. A alguien se le deniega esos votos, quizás miles de votos, que podrían ser cruciales si la votación es muy ajustada. Es un ardid muy sencillo y efectivo.

"Desafortunadamente, como muestra la historia reciente, esto no es siempre el caso, incluso en aquellos países que ponen gran énfasis en la integridad de su proceso electoral."

Ningún país está más 'en guardia' sobre la integridad de las elecciones de otros países que Estados Unidos. Las elecciones no solo deben ser imparciales sino también 'democráticas'. Deben ser 'democráticas' sino se consideran injustas, automáticamente ilegales.

Hamas fue elegido por un sistema legal perfectamente imparcial de votos representativos y se convirtió en el gobierno electo de los palestinos. La administración norteamericana se negó a reconocer o negociar con Hamas. Israel, como un lacayo de EEUU, se negó a negociar con los representantes de Hamas porque argumentaron que no era democrático. ¿Cuánto más democrático puede ser cuando la inmensa mayoría del pueblo de un país les ha votado? Fue un triunfo aplastante, casi el 90 por ciento. ¿Qué se puede hacer contra tal hipocresía en los asuntos de estado?

Diversidad de formas democráticas

Existen muchas formas, muchos tipos de democracia. La administración norteamericana piensa que las únicas elecciones legales son entre dos partidos políticos. Ese es el caso en Europa, Japón, y en otros sitios, pero existen muchas ideas de democracia diferentes, grados de democracia, y tipos de democracia.

China reivindicaría que es un país democrático, muy diferente de la democracia de Gran Bretaña, Norteamérica, Francia, Alemania y Escandinavia. Si uno preguntara a una persona china educada normal y corriente, especialmente de la costa oriental, si su gobierno es democrático, probablemente diría, "Sí, lo es. Es una forma de democracia. Soy libre de hacer lo que desee. Puedo realizar este trabajo o aquel. No hay obligación de realizar un trabajo específico. Puedo hacer cualquier trabajo en el que sea bueno y esté entrenado para hacerlo, sin restricción. Tenemos democracia."

No es lo que nosotros llamaríamos democracia, pero es una forma de democracia, una democracia mixta. Los chinos están presentando al mundo una forma muy interesante de gobierno, que es un experimento y que podría no acabar de la forma en la que parece estar encaminándose. Esa es la naturaleza de la experimentación. Estos experimentos en la escala de un país como China llevan tiempo desarrollarse. En China se tiene a un grupo de hombres fuertes con el ejército y la policía que les apoyan, así que pueden hacer cumplir el imperio de la ley como ellos lo ven y lo imponen. Es un país de primer rayo. El alma del país es de primer rayo, la personalidad es de tercer rayo[2]. No son muy sentimentales, ese no es uno de sus defectos.

Este país [EEUU], tan falaz y autocrático como vuestro actual gobierno, tiene un alma de segundo rayo y una personalidad de sexto rayo, y es sentimental hasta cierto punto. Sin embargo, yo preferiría tener eso en vez de la forma más robusta, por decirlo de forma suave, de democracia china, porque creo que el alma de segundo rayo de Norteamérica al final se manifestará, y cuanto antes mejor para el mundo.

El mundo está realmente esperando a que el alma de Norteamérica se manifieste. Cuando lo haga, se tomará en serio las necesidades del mundo en su conjunto. Por primera vez ampliará su punto de vista bajo la influencia de las enseñanzas de Maitreya, que invocará el aspecto del alma de Norteamérica, e inspirará a Norteamérica a compartir los recursos que posee en tal abundancia. Esto resultará en un nuevo Plan Marshall a nivel mundial. Esta es una de las cosas más esperanzadoras a tener en cuenta como miembros de esta nación. La nación norteamericana es una gran nación. Ha hecho algunas cosas terribles, pero también lo han hecho todas las naciones. Es una nación joven, así que en cierto modo es de esperar que pierda el control a veces. Pero es tan poderosa, tan grande, tan rica, que tiene una enorme influencia en el mundo.

Esa influencia es el flujo natural de la inteligencia e inventiva de su pueblo. Es también una influencia planificada, planificada desde Washington, desde la Casa Blanca y el Pentágono que es el centro de poder real en Norteamérica. El Pentágono y la Casa Blanca controlan los destinos de Norteamérica y hasta cierto punto los destinos del mundo. Eso no debería ser así.

El Imperio Americano

Es la labor de Maitreya controlar la voluntad de poder de la actual administración y el impulso a desarrollar un sistema 'democrático' mundial, que sería a todos los efectos un Imperio Americano. Existen muchos norteamericanos que piensan de forma bastante consciente y trabajan para el establecimiento del Imperio Americano. Ellos denominan este siglo el

---

2   Para el debate sobre los Siete Rayos y los Rayos de las Naciones, ver La Misión de Maitreya, Tomo Uno, Capítulo 6 y Tomo II, Capítulo 13.

'Siglo Americano' en el cual este imperio nacerá. Esa es su voluntad y plan, pero no será. No es el plan del Logos de nuestro planeta que ninguna nación o forma individual de gobierno domine todo el mundo.

Entre el siglo XVII y el XX, Gran Bretaña estableció un poder en todo el mundo y formó lo que ya no es un imperio. Formó un imperio, al que luego renunció el siglo pasado, pero formó algo mucho más duradero y significativo, la Commonwealth de Naciones.

La Commonwealth de Naciones es uno de los actos reales de unión de pueblos para el Plan de nuestro Logos Planetario a largo plazo, y por tanto, de la Jerarquía Espiritual, que lleva a cabo el Plan.

La Commonwealth de Naciones no es realmente una riqueza común para nada, pero instauró un libre comercio que no se había visto antes. No es lo mismo entre otras naciones, pero es aplicable al Commonwealth. Actualmente muchos australianos encuentran difícil saludar a la Reina, saludar a la bandera, ya que muchos se ven a sí mismos diferentes y separados. No obstante, existen millones de australianos que poseen lazos de sangre con la Gran Bretaña natal. Eso es cierto con todos los países del Commonwealth: Nueva Zelanda, Canadá, las Antillas, partes de África, India, Pakistán, etc.

Si uno mira a un mapa antes de la última guerra, la mayoría era rosa. Eso significaba que formaba parte de las Naciones del Commonwealth, el Imperio Británico, como se conocía. El imperio ya no existe y partes del mismo, principalmente en África, están luchando para erguirse como naciones individuales.

La Commonwealth de Naciones, que ha mantenido estos lazos invisibles con la Gran Bretaña natal, está realmente presentando una visión de reunión de pueblos de diferentes colores, diferentes tradiciones, diferentes religiones, diferentes formas de pensar, sentir y relacionarse, de vivir juntos en paz. En Gran Bretaña actualmente todo esto se está juntando, a menudo en grandes grupos.

Uno puede ir a Manchester o alguna otra ciudad y grandes grupos tienen nombres, tradiciones, comidas, religiones pakistaníes o antillanos, pero tienen acento inglés y se ven a sí mismos como británicos. Tienen apariencia diferente, pero suenan igual, y son todos británicos.

Viven juntos en relativa paz de una forma bastante única en el mundo. Hay 'estallidos' cuando el partido nacional británico [partido de extrema derecha] se pone desagradable y se vuelve contra los pakistaníes, por ejemplo, y los pakistaníes se defienden. Pero es raro y solo sucede cada pocos años. En términos generales, existe una asombrosa buena voluntad y cimentación de buenas relaciones entre estas comunidades bastante separadas. No se mezclan, en su conjunto. Algunos lo hacen, por supuesto, pero en su conjunto cada nacionalidad de la parte de la Commonwealth que sea, mantienen su propia identidad, tiene su propio idioma, su propia comida, sus propias escuelas, sus propias iglesias o templos. Son diferentes, son cordiales unos con otros, y hay una fricción mínima.

Tres experimentos

La Commonwealth de Naciones británica es en miniatura (estamos hablando de millones de personas) un experimento. Existen tres grandes experimentos que se están llevando a cabo en el mundo. Ese en Gran Bretaña.

Aquí, en Norteamérica, es el traslado de Europa a Norteamérica, tomando parte de Europa y llevándola al otro lado del océano. Así es como en gran medida 'Norteamérica' nació: una muestra de la mayoría de los pueblos de Europa, no muchos franceses debido a su diferencia de rayo, ingleses, irlandeses, escoceses, holandeses, alemanes, españoles, escandinavos, especialmente suecos, italianos, griegos y unos pocos más de otras partes, simplemente los recoges y los llevas a Norteamérica, y les dices: "Ahora continuad, colonizad este país, traspasad las Montañas Rocosas, y encontrad El Dorado, California".

'Democracia' y esclavitud

Entonces se cometió un gran error. Las personas hablaban sobre democracia como algo maravilloso, de cómo se remontaba al tiempo de los griegos.

Los griegos fueron los primero demócratas, es cierto. Desde el siglo 5 a.C. tuvieron un tipo de democracia. Tenían un consejo democrático, una reunión de hombres con la misma inclinación y del mismo nivel social, todos senadores, terratenientes, todos hombres ricos y poderosos de Atenas. Pero Atenas, como otras ciudades griegas, y como las ciudades romanas, se gestionaban totalmente sobre las espaldas de los esclavos.

La esclavitud existía mucho antes que Atenas, pero Atenas subió al poder sobre las espaldas de los esclavos. Así también lo hizo la civilización griega, de la que tanto surgió, tantos descubrimientos inteligentes, especialmente en ciencia, geometría, arquitectura, etc. Hemos aprendido tanto de estos extraordinarios hombres sabios y dotados, pero hicieron todo eso sobre las espaldas de los esclavos.

Atenas, y las demás ciudades importantes de Grecia, se gestionaban con esclavos. Salías, librabas batallas, conquistabas y hacías prisioneros. Los prisioneros eran llevados de vuelta a casa como esclavos. Cuando este país, Norteamérica, creció en poder y riqueza, ocurrió lo mismo. Obteníais vuestros esclavos de África esta vez. Los árabes habían sido traficantes de esclavos durante generaciones antes de ello. Ellos gestionaban sus economías con el trabajo esclavo, algunos de ellos aún lo hacen, y algunos de los esclavos potenciales, ellos mismos, vendían a otros a los traficantes de esclavos. Participaban en este horrendo tráfico de seres humanos. Se hicieron más ricos y así pudieron salir de las castas más bajas. Siempre eran las personas más pobres y en los escalafones más bajos del sistema social las que se convertían en esclavas. El sur de este país, como ya sabéis, se construyó con la esclavitud, y una gran parte de la riqueza de este país provino de la esclavitud.

Una gran parte de la riqueza que aún disfruta la aristocracia y subaristrocracia de Gran Bretaña fue obtenida con el tráfico de esclavos. Eran propietarios de los barcos que bajaban hasta la costa africana, la Costa Dorada, la Costa de Marfil, y otras zonas. Allí compraban y traficaban con esclavos para transportarlos al otro lado del océano. Era un tráfico terrible, y ha continuado hasta la fecha: aún se compran y venden esclavos en zonas de África, India, China y otros países.

Existen muchos tipos diferentes de democracia y países democráticos. Una democracia basada en la esclavitud es una contradicción de términos, a menos que puedas dividir a la humanidad en dos tipos diferentes de personas. Aquellos que ostentan el poder pueden crear la apariencia de ley democrática a su nivel, pero al mismo tiempo puede afianzarse sobre una economía esclavista profundamente arraigada. Es trágico. Esta es la forma en que la humanidad se ha comportado durante incontables milenios.

El Consejo de Seguridad

A pesar de la fortaleza de la voz norteamericana pidiendo democracia en todas partes (y yo personalmente estoy muy a favor de la democracia), no existe país más vociferante en exigir la democracia fuera de EEUU que la misma Norteamérica. Además, como mi Maestro ha indicado, este país es curiosamente ciego a la falta de democracia que existe en las Naciones Unidas.

La acción del Consejo de Seguridad es exactamente lo opuesto a la democracia. El Consejo de Seguridad fue creado por las cinco naciones que tenían la bomba atómica, Gran Bretaña, Norteamérica, Francia, China y Rusia. Debido a que tenían la bomba atómica, estos cinco países dominaron las acciones de Naciones Unidas y formaron el Consejo de Seguridad que les proporcionó el derecho a veto.

Nada es tan contrapuesto a la democracia como tener dentro de ella un veto. Cualquier país que tenga el veto puede utilizarlo para evitar la implementación de cualquier resolución hecha por la Asamblea General de Naciones Unidas en su conjunto. Este país utiliza el veto más que cualquier otra nación y lo ha utilizado 63 veces en el caso de resoluciones contra Israel. Israel sencillamente 'se mofa' de Naciones Unidas dado que sabe que el veto norteamericano le mantiene inmune a las críticas.

Una de las excusas de atacar Irak utilizada por Norteamérica y Gran Bretaña fue que Saddam Hussein era negligente en la implementación de 19 (algunos dicen 17) resoluciones de Naciones Unidas. Las resoluciones trataban de armas de destrucción masiva. EEUU y Gran Bretaña afirmaban que Irak no había destruido sus armas, algo que en realidad habían hecho, como ahora sabemos, como la revista *Share International* sabía y publicó, antes de que comenzara la guerra. Israel, sin embargo, sale impune. No necesita implementar ninguna de estas 63 resoluciones que aún están en vigor contra él, debido al sistema de veto y a la protección de EEUU.

El veto y el Consejo de Seguridad han persistido más que su utilidad, su razón de ser, y deben desaparecer. Naciones Unidas debe purificarse del veto y convertirse en una verdadera asamblea democrática. No puede ser una asamblea democrática hasta que el Consejo de Seguridad se disuelva y se retire el poder del veto. Entonces la voz, que mi Maestro denomina "la voz de la esperanza del mundo", la Asamblea General de Naciones Unidas misma, podrá escucharse pura y simple, y podrá utilizarse para enderezar el mundo lo más rápido posible. Ese es un asunto realmente muy urgente.

A pesar del actual foco occidental sobre democracia a cualquier coste, y en todas partes, tanto si las personas lo desean como si no, si no sigue el patrón de democracia profesado en EEUU, no se considera que es democracia, y por tanto es considerado como una forma de gobierno autoritario.

Los demócratas se toman a mal cualquier tipo de disminución de su democracia, pero a pesar del actual foco, está llegando el momento en el que los demócratas de todas partes no se tomarán a mal un grado de supervisión y toma de decisión Jerárquica. Una vez que el pueblo llegue a confiar en la sabiduría y conocimiento superior de los Maestros, Su supervisión será acogida como un proceso de aprendizaje. Un nuevo y poco frecuente estado de humildad hará esto posible.

Cuando veamos a los Maestros, y veamos cuán tolerantes son, comenzaremos a ver que no somos para nada tolerantes. Veremos que los Maestros nunca imponen Su voluntad en la humanidad. Cuando veamos cuán pacientes son, y cuán estrechamente trabajan dentro de la Ley en todo lo que hacen, veremos que el conocimiento superior, la sabiduría de los Maestros, es algo que nos encantaría tener.

Calentamiento global

Existen personas actualmente que son tan sensibles a su pequeño poder y conocimiento, que piensan que pueden dirigir un mundo. Existen algunos que piensan que lo saben todo, los científicos, por ejemplo.

Hay científicos que dicen que este planeta se está calentando, que el calentamiento global es una realidad y que debemos hacer algo al respecto. Vertemos todos estos desechos a la atmósfera, y están calentando el planeta. Al mismo tiempo existen otros científicos que dicen justo lo contrario. Tienden a ser de EEUU.

Existen aquí científicos que son sobornados, o que genuinamente piensan que esta afirmación del calentamiento del planeta no es realmente cierta. Ellos creen que no se solucionará simplemente obligando a los fabricantes a frenar su exceso de emisiones de gas. Ellos dicen que eso no solucionará nada y que incluso no es necesario hacerlo. Existen otras formas de hacerlo. Con el tiempo, afirman, tendremos todo el petróleo que deseemos cuando pongamos nuestras manos en el petróleo iraquí, el petróleo venezolano, y cualquier otro petróleo que exista y no se esté realmente utilizando. Lo almacenaremos. Tenemos montañas excavadas, huecas por dentro. Colocaremos todo el petróleo dentro de ellas en barriles. Bastará hasta la Venida del Reino, ellos creen, y, siendo mayoritariamente fundamentalistas, saben que la Venida del Reino está más cercana de lo que las personas piensan.

Está llegando el momento en que las personas estarán contentas si un Maestro dice: "Bueno, si yo fuese tú, lo haría de esta manera". Les encantará. Se volverán como niños en un colegio. Los Maestros saben tanto. Tienen acceso a cualquier información que necesitan. Simplemente ponen a los Devas en ello.

Las personas estarán muy contentas de recibir la orientación y un grado de control desde el punto de vista de consejo: qué política tomar, cómo avanzar en las líneas del Plan. No conocemos el Plan. No sabíamos hasta que vimos a los Maestros de que había un Plan, pero existe un Plan, y los Maestros llevan a cabo el Plan. Dado que no sabemos que existe un Plan, hacemos cualquier cosa excepto lo correcto. Hacemos lo correcto por casualidad y todo lo demás por elección.

Habrá un grado de supervisión que será perfectamente aceptable incluso para las personas que son muy rígidas. Una de las cosas que las personas dicen sobre 'esta historia' es, "No me gusta la palabra 'Maestros'." Yo digo, "Bueno, Ellos son Maestros de sí mismos. Ellos son Maestros en el sentido de que tienen completa conciencia despierta y completo control de cada plano de nuestro planeta. Eso es lo que te convierte en un Maestro". Y ellos replican, "Incluso así no me gusta. No me gusta que Ellos estén…" A lo que realmente se refieren es que están 'sobre' nosotros. Ellos piensan que los Maestros, siendo lo que son, inevitablemente nos dirán lo que debemos hacer. Ellos no saben que los Maestros solo dirán a las personas lo que pueden hacer cuando se les pregunte. Pregunta a un Maestro qué sería lo correcto hacer y Él podría decir, "Bueno, lo sabio sería hacer esto y eso". Si eres sabio, harás eso porque sería lo correcto. Pero de otra manera Ellos no lo dirán. Están en una relación puramente consultiva con nosotros.

Grupos espirituales

Existen muchos grupos espirituales en este país y en otros sitios, varios miles de ellos. Por muy sumergidos en el espejismo que estén, por muy diferentes que estén de vuestra idea, por muy inactivos, por muy retrospectivos, por muy poco que consideren al mundo en su conjunto, ellos existen. Actualmente están casi completamente separados, fragmentados. Están en todas partes, pero fragmentados. Pocos de ellos mantienen alguna relación con algún otro.

Cuando vine a este país por primera vez en enero de 1980, para la Conferencia del Consejo de Unidad en la Diversidad, pensé, "Aleluya, este es un grupo maravilloso. Reúne a grupos de todo tipo. Están trabajando juntos bajo un manto denominado Consejo de Unidad en la Diversidad, la mayor diversidad y la máxima unión, un concepto maravilloso, para mí el concepto de verdadera vida en el planeta Tierra". Eso es lo que necesitamos, la mayor variedad y diversidad, todos los diferentes países ofreciendo sus cualidades al conjunto debido a sus diferentes estructuras de rayos. Los rayos confieren las cualidades, y los países pueden, así, ofrecer al fondo común todo lo que poseen de forma diferente y única debido a su combinación de rayos de alma y personalidad.

Todos son necesarios, todos tienen una parte destinada a desempeñar en el mundo. Cada vez más, al avanzar la era de Acuario, y cuando los Maestros ya lleven un largo período en el mundo, las naciones demostrarán la cualidad de sus rayos, sus dones individuales, y lo donarán en beneficio de todos. Así es como debe ser. Actualmente no es así, pero así es como será.

Grupos como este necesitan trabajar junto con otros grupos, apoyar a todos estos grupos para crear una opinión pública mundial. Es la opinión pública mundial, al expresarse a través de los pueblos del mundo, lo que cambiará el mundo.

La labor de Maitreya es galvanizar la opinión pública mundial y enfocarla a través de unas pocas ideas sencillas, para que las personas de todas partes exijan justicia, libertad. Exijan compartir como la única forma para lograr la justicia y el fin de la guerra, la creación de paz. La paz y el fin del terrorismo dependen de la creación de justicia, y solo una cosa logrará eso: compartir los recursos del mundo.

Estas son las cosas sencillas que la humanidad tiene que comprender. Existen millones de grupos. Algunos exigen más justicia para los animales, el fin de los mataderos, "vegetarianismo para todos", etc. "Acabar con la matanza del reino animal". "Salvad a las ballenas". "Salvad a las focas". Estos son grandes ideales. Yo estoy a favor de todos ellos, pero no puedes tener a la humanidad, millones de personas, defendiendo todas estas ideas diferentes a la vez, eso sencillamente debilita su impacto.

Tiene que ser simple: la transformación de la humanidad a través del compartir de los recursos, creando así justicia, y creando así la paz. Esa es la idea en la que se tienen que centrar todos los grupos del mundo. La paz ya no es una opción: no tenemos alternativa. Eso tiene que comprenderse, porque si no hay paz entonces finalmente nos autodestruiremos. Una pequeña guerra se convertirá en una gran guerra. Será una guerra nuclear y todas las naciones desaparecerán.

No estoy escribiendo de momento los titulares de vuestras pancartas. Estoy intentando centrar vuestras mentes en lo esencial: compartir, que conduce a la justicia, que conduce inevitablemente al fin del terrorismo, y a la paz mundial. Solo eso lo conseguirá. Como Maitreya dice, "No hay otro camino". Si no compartimos, entonces moriremos, tarde o temprano. Es tan simple como eso.

Es una cuestión de compartir y de la transformación del mundo. Eso crea la confianza sobre la cual estarán basados todos los acuerdos futuros. Puedes resolver cualquier cosa si existe confianza. Tienes que crear confianza, y solo el compartir de los recursos del mundo lo conseguirá. Entonces todos los demás problemas, Oriente Medio, los problemas de salvar el mismísimo planeta, etc., todo eso podrá abordarse cuando exista confianza. La mayor parte de los desacuerdos sencillamente desaparecerán, se disiparán en la buena voluntad que fluirá en tremenda potencia cuando tenga lugar el compartir de los recursos.

Una labor importante y útil para este grupo y para todos los grupos de este tipo es actuar conscientemente en crear síntesis, en desarrollar unidad en la diversidad con otros grupos. Mirad en Internet. Buscad leyendo en los sitios web de todos los grupos. Creo que no existe actualmente ningún grupo de tamaño razonable que no tenga un sitio web. Allí podéis leer sobre diversos grupos, y si comparten nuestras preocupaciones y valores, si trabajan para el bien del mundo, entonces vale la pena contactar con ellos y organizar algún tipo de muestra en ferias y festivales, o intercambiar oradores. Trabajar con otros grupos es posible. Es difícil, pero es posible. Hemos tenido muy poco éxito en Gran Bretaña, pero quizás no lo hemos intentado con suficiente ahínco.

Todas las personas buscan Unidad. Esa es la razón por la que se juntan o forman un grupo. Al mismo tiempo, todos quieren expresar su individualidad, esa cualidad única de cada alma encarnada. Solo el tipo de Unidad que es natural y orgánica, sin prejuicio ni rigidez, puede crear un marco apropiado para esa rica diversidad que hace del planeta Tierra un hogar tan interesante para sus habitantes[3].

---

3   Se recomienda a los lectores que lean los artículos y preguntas y respuestas sobre la Unidad publicados en El Arte de la Cooperación, Tercera Parte, 'Unidad'. Se centran en la necesidad de la unidad como el objetivo de la vida y la consecución de la unidad en el trabajo grupal.

Diversidad e Individualidad

P. ¿Cuál es la relación entre diversidad e individualidad? ¿Puede una existir sin la otra? (Marzo 2007)

R. Si no existiera la individualidad, no estarías hablando sobre ninguna relación o diversidad, si no hay individualidad, no hay nada. Somos individuos. Ese es nuestro ser bendito. La cuestión es poner esa individualidad bajo control. No la impongas en grupos, ni en otras personas. Nunca debes renunciar a tu individualidad, pero la pones al servicio del grupo. Tienes algo que dar que nadie más puede dar, y ellos tienen algo que dar que nadie más puede dar. Todos, desde la mismísima individualidad, tienen algo que nadie más puede dar. Esa es la diversidad del grupo.

Cada persona es única. Esa es tu individualidad. Proviene del alma. Sois almas humanas individualizadas y cada alma es única. En todo el universo manifestado no existe otra alma como la tuya. Posee su vibración única que un Maestro puede reconocer instantáneamente. Esto es algo que nadie puede quitarte, y no debes permitir que nadie te lo quite. Esa individualidad debe ser aceptada como parte de la diversidad de un grupo.

Cada uno tiene el derecho de decir lo que piensa y los demás tienen el derecho a no estar de acuerdo. Al final, el grupo en su conjunto tiene que lograr una unidad, que en términos prácticos es un consenso. El consenso grupal no surge votando –quién vota por esto o aquello– sino por un consenso de pensamiento que inculca al pensamiento grupal. Eso es lo que intentamos hacer porque solo de esa forma podemos trabajar correctamente con la energía de Acuario. No tiene aplicación individual. Sólo funciona a través de grupos, y esa es toda la razón para formar grupos.

Ahora se están formando grupos en todas las esferas de la vida porque las personas perciben que estamos entrando en un tiempo en el cual los grupos cuentan. Hasta ahora, un grupo de individuos, pero no un grupo, seguían a una persona que era el líder. Hoy es diferente y mañana será incluso más diferente. La posición del líder gradualmente desaparecerá y el grupo en su conjunto fomentará el máximo de diversidad con unidad, y tomará sus decisiones por consenso.

Existen personas que no creen en el consenso. Afirman que no existe tal cosa: "Ganas unas veces y pierdes otras". Esa es la voz del hombre de negocios moderno. Es un juego de competir. Te juzgas a ti mismo según las veces que has ganado y las veces que no has conseguido ganar. El trabajo grupal no tiene nada que ver con ganar o perder, nada que ver con competir. Es un consenso de pensamiento en un grupo. No tiene que ver con dominar las mentes de los demás y ser el que grita más fuerte.

P. En el proceso de toma de decisiones grupal existe a menudo una diversidad de opinión pero no unidad. En este caso podría por favor comentar sobre cómo llegar a una decisión. (Marzo 2007)

R. Si existe una diversidad de opiniones en la toma de decisiones grupal, eso solo es algo que se espera. Si tienes un grupo diverso, tienes opiniones diversas, quizás no totalmente diversas como en otro grupo, pero debes aceptar que habrá opiniones diferentes.

La belleza del trabajo grupal es llegar a un consenso. Acepta que habrá diferencias, espéralas. Forma parte de la vida. Disfrútalo. Quieres puntos de vista diversos. También quieres formas unificadas de abordarlos. Utiliza ambos métodos. Dejas que cada persona diga lo suyo y lo escucháis todo. Algunas resaltarán por ser más significativas, más prácticas, más fáciles de ser implementadas. Haced esto y dejad que las más extravagantes caigan al fondo. Todo es prueba y error. No conozco formas de hacer las cosas que vosotros no conozcáis. Lo sabéis tan bien como yo.

P. La unidad a través de la diversidad es nuestra oportunidad de permitir a la energía de síntesis trabajar exteriormente con otros grupos. También entendemos que la unidad a través de la diversidad tiene que implementarse interiormente en nuestros propios grupos. La unidad a través de la diversidad tiene que implementarse en todas partes. (Enero/Febrero 2002)

R. Estoy bastante de acuerdo. La meta de nuestra vida, lo hayamos comprendido o no, es el establecimiento de la unidad, representar la unidad que ya existe. Cada átomo en el universo manifestado está interrelacionado con cualquier otro átomo.

La unidad no es una simple idea que podemos adoptar o no. Nos está impulsando en nuestro proceso evolutivo. Esta evolución, expansión de conciencia, debe ser un proceso de conciencia despierta creciente de la unidad y una síntesis de todos los aspectos posibles de la unidad que existan hasta que tenga la 'mente de Dios', viendo la unidad que subyace toda la existencia.

Mi propia idea de unidad es de la máxima diversidad posible. Como sabéis, existen siete rayos, y estos en sus variadas relaciones producen todos los fenómenos que vemos y experimentamos. Debido a la interacción de los rayos, existe la diversidad infinita. Todas las naciones están gobernadas en los niveles de alma y personalidad por uno de los siete rayos. De esta manera obtienes cualidades muy variadas en las naciones.

Mi comprensión del artículo del Maestro sobre 'Unidad' [página 136], es que no sólo tienen que ver con el trabajo grupal. Aunque Él los relaciona al funcionamiento de grupos. También los relaciona a la escena mundial. Realmente está hablando sobre relaciones internacionales y la necesidad de unidad en ese área; esa es la urgencia. Vuestras propias relaciones grupales necesitan la comprensión y crecimiento de la unidad, pero no tienen el mismo efecto en el mundo como, por ejemplo, la falta de sentido de George W. Bush de la unidad necesaria para producir cooperación y así resolver los problemas del mundo. Sólo a través de un sentido de la unidad uno puede trabajar cooperativamente.

Sabemos que los exponentes más eficientes de la competencia, lo opuesto de la cooperación, han sido Norteamérica, los diversos países de Europa, Japón, Australia y Canadá. Un número muy limitado de países están, de hecho, protagonizando la escena. El mundo es complejo. Por tanto, los problemas relacionados con su desarrollo, incluso el mantenimiento de su existencia física, requiere la cooperación y la paz, la capacidad de trabajar juntos para resolver los problemas que están amenazando la misma existencia del mundo. Estos son los problemas reales de los que habla el Maestro en este artículo sobre la unidad.

El Maestro relaciona el artículo con los grupos porque Él tiene varios grupos a Su cargo. Él está desarrollando las ideas en relación tanto con los grupos como con la escena internacional porque los grupos se relacionan con el mundo. Los efectos en los grupos no tienen tanta relevancia comparado con los efectos que la unidad o la competencia tienen en el mundo, en nuestras relaciones internacionales. Si, por ejemplo, Norteamérica hubiera firmado el Protocolo de Kioto para la estabilización de la emisión de gases invernadero, hubiera sido una buena idea no sólo porque 180 lo vieron como una buena idea y, sin duda alguna, muchos norteamericanos también lo vieron, sino porque el Sr. Bush respalda ese enfoque. Pero Él representa el enfoque republicano del problema. Históricamente este ha sido lo que podría considerarse en el mejor interés del país que representan, los Estados Unidos. Los representantes de cada país en cualquier momento dado sin duda cuidan los intereses más cruciales de sus naciones según ellos los ven. Algunas naciones están un poco más adelantadas, tienen un poco más de involucración del alma en su conciencia, y así miran a una escala más amplia. Son capaces de ver no solo sus propios intereses personales sino también tener un punto de vista más amplio de tanto en tanto, y eso es bueno y útil. Así que depende del punto de evolución alcanzado, y de la importancia de la idea o problema.

La diversidad es la naturaleza fundamental de la vida de la humanidad. La individualidad de todo ser humano no es solo un hecho, es uno de los grandes hechos de la evolución humana. La individualidad muestra la particularidad de cada persona. Como una extensión del individuo, cada nación es un alma con una personalidad. Bien el rayo de la personalidad, o el rayo del alma, es más dominante, más influyente.

Desafortunadamente, en el presente, el rayo del alma está velado mayoritariamente por la actividad del rayo menor, el rayo de la personalidad, y la mayoría de naciones simplemente cuidan de sus propios intereses personales en la medida que pueden. Si son naciones grandes y poderosas como Estados Unidos o Europa, lo hacen con más efectividad que las naciones pequeñas que no poseen la influencia, internacional, para hacer oír sus voces o tener algún efecto en el conjunto.

La mayor diversidad dentro de la mayor unidad, o poniéndolo de otra manera, la mayor unidad con la mayor diversidad, es el ideal que la humanidad está buscando, y va alineado con el Plan de nuestro Logos para el desarrollo de este mundo. No es una aburrida uniformidad —de hecho, es justo lo contrario. Maitreya en uno de Sus primeros mensajes [Mensaje Nº 3] dijo: "Dejadme llevaros de la mano y guiaros hacia esa tierra donde nadie carezca de nada, donde cada día sea diferente, donde la alegría de la fraternidad se manifieste a través de todos los hombres".

"Donde cada día sea diferente" es, para mí, una afirmación extraordinaria. Las únicas personas para las cuales cada día es diferente son los niños pequeños y las personas poco frecuentes que tienen suficiente dinero y tiempo libre para hacer lo que quieran, en donde pueden llenar su vida creativamente, momento a momento, así no existe el trabajo duro y pesado. El aburrimiento y el trabajo pesado surgen de la monotonía. En la unidad no existe la monotonía. No trata de repetición de ideas similares una y otra vez hasta que se hace aburrido. Es ver la vida creativamente, y así, cada aspecto, cada movimiento, de esa vida de forma creativa, nueva, momento a momento. Cuando estás en el estado de unidad del que el Maestro está hablando, ese es el estado de existencia eterna y creativa que existe para todos nosotros.

P. ¿Es la conciencia despierta de los demás y la coordinación con los demás requisitos indispensables para lograr la unidad en la diversidad? ¿Qué otras cualidades y pasos recomendaría para provocar la unidad entre personas y grupos diversos? (Marzo 2007)

R. Debéis encontrar una forma. No es mi forma la que queréis. No tengo formas hechas que podáis utilizar. No funciona así. Queréis la forma que funcione para vosotros con vuestro grupo. Vuestro grupo tiene que experimentar. Utilizad formas diferentes. Utilizad vuestros propios dones.

P. ¿Cuál es la diferencia entre diversidad y fragmentación? (Marzo 2007)

R. La fragmentación carece de forma. La diversidad dentro de una unidad no carece de forma. La forma es el resultado de la unidad. La fragmentación por sí misma no posee forma externa o unidad.

Con unidad en la diversidad, los diferentes grupos y puntos de vista no son fragmentos del todo. Forman parte del todo. El todo es el resultado de su unión y eso produce forma. La unidad surge de la diversidad, no al revés. No tienes unidad y luego diversidad. Tienes diversidad y luego una creciente unidad al ser capaz de superar las diferencias, para conseguir un enfoque unificado, un patrón de pensamiento unificado. Logras un cierto grado de conciencia grupal. Eso crea una forma, que denominamos unidad.

Todos anhelan la unidad. Todos se encaminan hacia la unidad. Esa es la razón por la cual las personas se unen a grupos, se unen a partidos políticos. Están buscando personas afines con las cuales pueden unificarse. El objetivo de toda vida es unificarse. En la Era de Acuario, esta Era venidera, veréis esto manifestarse a través de la energía de Síntesis. Unirá a la humanidad en una síntesis verdadera, una unidad real.

Cada nación, cada persona dentro de la nación, con sus puntos de vista diversos y diferentes, su diferente sentido del significado y propósito de la vida, dará una expresión individual a ese propósito. De esta forma, un inmenso tapiz se forma con todas las ideas y la creatividad de todas las diferentes naciones bajo los distintos rayos. Tienen rayos diferentes para llevar a este inmenso conjunto de cualidades a una gran unidad. Esta unidad está en la mente del Logos y nosotros llevamos a cabo Su Plan, de forma consciente o no. Sucede porque está planeado. Es la naturaleza del Plan del Logos tener la mayor definición de la individualidad de las diferentes naciones, cada una expresando su propia cualidad única que es reconocible instantáneamente y que es diferente de todas las demás. Pero al final todo formará parte de un todo fusionado y mezclado. Es una fusión y mezcla de diferencias, no una fusión de lo mismo. Una fusión de lo mismo es lo que Norteamérica obtendría si todos adoptaran su versión de democracia, como si ellos tuviesen la respuesta final al desarrollo de los sistemas políticos en democracia. Pero el Plan es que cada nación realice su propio destino y una unidad emergerá de toda esa diversidad.

Si tienes un jardín y cada flor es blanca, es un jardín bonito pero más bien aburrido. Un jardín que sólo tiene un color de flores no sería un jardín verdadero. Pero un jardín donde percibes que todos los colores están representados, y está organizado de manera que conduce de forma magnífica de una parte a la otra, es un jardín real, inspirador y refrescante.

Algunos pintores pintan con un color o quizás diferentes tonos de un color. Tienes unidad pero es un tipo de unidad falsa. Puedes hacerlo ocasionalmente. Pero si todos tus cuadros fuesen de un color, y todos lo mismo, tendrías unidad pero no diversidad. De igual forma, es la diversidad de los seres humanos lo que interesa.

P. Entre las prioridades de Maitreya está "la eliminación de la culpa y el temor". Usted ha hablado sobre el temor[4]. ¿Podría por favor hablar un poco sobre la eliminación y la superación de la culpa? (Marzo 2007)

R. La culpa y el temor están muy relacionados. La culpa es el resultado del temor. La situación fundamental que crea temor también crea culpa. El temor es que tú has pecado. Es el resultado de la enseñanza incorrecta por parte de los grupos cristianos durante 2.000 años, que han inculcado temor y culpa en 1.000 millones de cristianos. En cada encarnación se encuentran con lo mismo, temor inculcando culpa y culpa inculcando temor, y el terrible efecto en el sentido de la autoestima que tiene tal enseñanza. Eso, junto a las innumerables y antiguas supersticiones que llenan las mentes de las personas de otras tradiciones religiosas, hacen

---

4   Ver *La Misión de Maitreya, Tomo II*, Capítulo 10, 'La Superación del Temor'.]

del temor y la culpa un poderoso bloqueo en el camino hacia el despertar de la conciencia.

Una gran parte del tiempo de Maitreya se invertirá en eliminar el temor y la culpa de la humanidad. Él no lo manipulará simplemente y se librará del mismo sino que Su enseñanza está creada para eliminar el temor y la culpa. Él os ha mostrado el camino, ya lo conocéis. El camino para eliminar el temor y la culpa es practicar las tres técnicas que Maitreya sugiere. Inculcad, adquirid, construid en vosotros honestidad de mente, sinceridad de espíritu y desapego. Si se realiza con asiduidad, correctamente, inevitablemente crearán el desapego en el cual el temor y la culpa desaparecen.

Si estás desapegado, eres libre de culpa y temor. No puede ser de otra manera. La culpa y el temor surgen del apego. Si estás apegado a tus creencias –cristianas, musulmanas o budistas– y haces cosas que están en contra de tus creencias, vives en la culpa y el temor. Por ejemplo, a los católicos romanos se les inculca que no deben tener sexo fuera del matrimonio, y que incluso dentro del matrimonio no deben utilizar métodos anticonceptivos. Sin embargo millones de católicos lo hacen y viven en la culpa inculcada por sus acciones.

Para los católicos romanos, ésta es una tremenda lucha interna. ¿Deben obedecer las estipulaciones de la Iglesia avaladas por el Papa de no tener sexo fuera del matrimonio, de no poder casarse dos veces en la iglesia, de que los métodos anticonceptivos son un pecado? Si los católicos romanos creen en lo que el Papa dice, tienen un problema porque su sentido común les dice que esto no es incorrecto o pecaminoso. Es natural y normal. Tienen inculcado la culpa y el temor del justo castigo.

Maitreya eliminará esta culpa y temor de la humanidad hablando con sentido común. Puedes eliminarlo de ti practicando el desapego. Todo tiene que ver con el desapego. Si estás apegado a tu justo castigo debido a tu temor al justo castigo, te sientes culpable. Si no estás apegado, no hay temor, no hay culpa.

Algunas acciones son incorrectas, pero pueden corregirse. La Ley del Karma corrige todas las acciones. Es una gran Ley benefactora. Cuando cometes un error que es destructivo, se cambia por el efecto que has provocado sobre ti mismo a través de la Ley del Karma. Es un efecto, no es un justo castigo.

La Ley del Karma no te hace culpable, te proporciona una Ley sencilla: "Lo que siembras, cosecharás". Tienes pensamientos, realizas acciones. Los efectos resultantes de estas causas que has puesto en movimiento crean una vida para bien o para mal. Parte de ella será buena, parte de ella será dolorosa. Pero la creamos nosotros. No existe tal cosa como el justo castigo. Existe el karma, que es la Ley que se equilibra a sí misma: "Lo que siembras, cosecharás". Al hacer posible que las personas comprendan verdaderamente la Ley del Karma, Maitreya la hará real para ellos. Ellos comprenderán que la mejor acción es la acción inofensiva porque de esa forma cosechas resultados inofensivos, resultados creativos, buenos resultados. Tienes buen karma.

P. ¿Usted ha dicho que no existe el pecado, pero qué hay de la codicia, el egoísmo, los celos, el racismo, etc., todos los crímenes de la separatividad? ¿Son todos un indicativo de una falta de evolución? (Octubre 2010)

R. Sí, desde luego, pero cuando hablo sobre pecado me refiero en el sentido no cristiano. Los cristianos hablan sobre pecados y del demonio tentándoles. Pero no tiene nada que ver con eso. Desde el punto de vista de los Maestros, el único 'pecado' es la separación o separatividad. Ese es el pecado desde donde surgen los demás.

P. (1) ¿Es posible desarrollar el corazón de uno? (2) ¿Cómo puedo volverme más interesado con los demás, con el mundo, desde mi corazón? (Enero/Febrero 2006)

R. (1) Sí. (2) Medita más. Sirve más. Aprende a reconocer la diferencia entre una respuesta emocional (plexo solar) y una respuesta del centro del corazón espiritual. Cultiva la sensibilidad hacia la última. Cultiva la inclusividad. No intentes eludir los hechos desagradables o dolorosos. Intenta no ser complaciente. Intenta no temer o avergonzarte de experimentar amor si lo experimentas.

P. ¿Cómo podemos abrir más la mente, ser menos rígidos o estar menos centrados en nuestras creencias? (Noviembre 2008)

R. Hacerse más tolerante de las diferencias. Conoce a más personas con puntos de vista opuestos e intenta entender su punto de vista.

P. Maitreya ha dicho, "sin autoestima no puedes hacer nada". Así, ¿cuáles son las diminutas formas en las cuales una persona puede aumentar su autoestima si esta es baja? (Junio 2009)

R. El logro, de cualquier tipo, en cualquier dirección, aumenta la autoestima. Por tanto, todo esfuerzo debe dirigirse al logro de algún objetivo, grande o pequeño, y luego, de forma constante, 'elevar' el objetivo, hasta que la confianza que surge con el logro sea constante y fiable. La aspiración es la clave. Si podemos inspirar la aspiración latente en nosotros y en otras personas, surgen la propia valía y la autoestima.

Tres Experimentos Jerárquicos: EEUU, Reino Unido y Rusia

P. En su charla abordó la Commonwealth británica y una forma de unidad en la diversidad con un papel a desempeñar en el Plan del Logos. También mencionó a EEUU en este aspecto. En la *Exteriorización de la Jerarquía*, DK afirma que la URSS como una gran Federación de Repúblicas es la síntesis futura. ¿Podría por favor explicar más sobre la Commonwealth británica, EEUU y la antigua URSS, y el Plan del Logos? (Marzo 2007)

R. Existen tres aspectos del Plan: uno es Gran Bretaña, uno es Norteamérica y uno es Rusia. En la charla abordé el papel de Gran Bretaña. No llegué a hablar sobre Rusia, así que esta pregunta es relevante. Un tipo de experimento similar se está llevando a cabo en Rusia.

En Norteamérica es muy sencillo. Todas las diferentes naciones europeas simplemente fueron transportadas y depositadas en Norteamérica. Se convirtió en una mezcla de todos estos diferentes grupos y de ello algo completamente diferente surgirá con el tiempo. Puedes reconocer a un norteamericano a la legua. ¿Por qué? Hay algo en el rostro norteamericano que no existe en Europa. Es la amalgama de todos estos grupos diferentes: teutónico y latino, africano, nativo americano, sudamericano, etc., todos juntándose en Norteamérica. Todos estos diferentes tipos y grupos raciales mezclándose, y surgiendo de ello algo que nunca habías visto antes.

Actualmente no es sólo una mezcla física. Para los Maestros eso no sería tan importante. Los Maestros miran lo físico como el aspecto más bajo. Lo que a Ellos les interesa es el aspecto psíquico, la evolución de la conciencia, y de los diferentes tipos y aspectos de la conciencia en pueblos diferentes.

La humanidad está evolucionando todo el tiempo según el Plan de evolución en la mente del Logos. La Jerarquía, a través de sus miembros más elevados como el Cristo y el Buddha, tienen una entrada en la mente del Logos y conocen el Plan, y Su trabajo es hacer que el Plan se realice a través de la humanidad y los reinos inferiores.

El experimento es triple, lo que lo hace muy poderoso. Está potenciado al ser un triángulo. Existe un vértice del triángulo en Gran Bretaña, uno en Norteamérica y el tercero está en Rusia.

En Gran Bretaña, es la Commonwealth de Naciones, la agrupación de muchas naciones del mundo en un pequeño país. Todos los diferentes miembros de la Commonwealth se juntan, manteniendo su propia existencia e identidad. Los diferentes grupos permanecen juntos y no se mezclan en su conjunto, sino que coexisten, con relativa paz.

En este experimento que se está llevando a cabo, Rusia es el tercer aspecto. Lo que fue la Unión Soviética reunió a todos los diferentes pueblos, unos 280 millones de personas en un sexto de la superficie terrestre que se extiende desde San Petersburgo al oeste hasta Vladivostok al este. Es un país colosal formado por muchos pueblos diferentes: las naciones europeas de Rusia occidental, los habitantes alrededor de la zona del Mar Negro, hasta Kazajistán y Uzbekistán, a través de los pueblos islámicos de la Rusia oriental hasta Vladivostok. Es una mezcla extraordinaria.

Lo que era la Unión Soviética ahora se ha desmembrado (como lo predijo Maitreya, publicado en *Share International* y enviado en comunicados de prensa a los medios de comunicación mundiales en enero de 1990), y todo sucedió de forma casi sigilosa. Ahora existe una federación de estados autónomos y semiautónomos. Algunos de ellos aún luchan por ser autónomos. Ellos conforman lo que fue la homogeneizada Unión Soviética bajo un grupo de dictadores, hombres fuertes en Moscú, y el partido comunista, que sólo contaba con unos 10 millones de afiliados. Aproximadamente diez millones de personas pudieron afiliarse al partido comunista. Ese pequeño grupo impuso su voluntad a 270 millones de personas en la Unión Soviética, buscando la igualdad pero olvidándose de la libertad. El gobierno de Moscú aún desearía tener más control sobre los acontecimientos en otras partes de lo que fue la Unión Soviética, sin duda. Pero son estados nacionales e independientes.

Norteamérica, también, es realmente una federación de estados con un razonable grado de autonomía. Existen leyes federales y leyes estatales, y no siempre son iguales. Los estados defienden su identidad individual con mucho celo y de ningún modo solo están totalmente sometidos a la ley federal. Tienen mucho que decir en la administración del país.

En lo que fue la antigua Unión Soviética, los miembros independientes de la federación tienen, teóricamente, plena voz en cómo sus estados se administran, aunque Rusia Occidental y Moscú aún mantienen cierto control sobre los estados menos desarrollados. Y también existen bastantes luchas internas a nivel político local para mantener o derrocar al antiguo régimen comunista. Algunas personas aún son comunistas de corazón. Es un proceso que llevará tiempo hasta que se resuelva.

Si uno compara la Constitución de Rusia y la de Norteamérica, son tan similares, es extraordinario. Ellos creen en todas las mismas cosas. Ambos son países de sexto rayo. Ambos piensan que tienen libertad. Ambos piensan que tienen justicia porque su objetivo teorético es libertad y justicia. En Norteamérica existe un grado de libertad pero poca justicia social. En Rusia bajo los soviéticos existía un grado de justicia social pero no libertad. Lo organizaron de formas diferentes debido a sus diferentes tradiciones. Lentamente llegarán a comprender que sin libertad no puedes tener justicia, y que sin justicia no puedes tener libertad. Son uno y lo mismo.

Estas son las tres agrupaciones dentro del plan evolutivo para el desarrollo de la humanidad, para que exista la mayor integración dentro de la mayor diversidad. Todos estos tres grandes experimentos –Norteamérica, Gran Bretaña y los estados federados de Rusia– buscan la unidad en la diversidad en su propia y diferente manera. Así es cómo se realiza el Plan.

Por supuesto, existe un gran intercambio entre estas naciones. Como un triángulo de fuerzas, las energías de la Jerarquía fluyen a través de todas ellas. Constituyen las tres agrupaciones más importantes del mundo para aproximadamente los próximos 2.500 años y provocarán una completa transformación de la humanidad. Los rayos o las energías de estos países provocarán el cambio: en Gran Bretaña la energía del 2º Rayo de Amor/

Sabiduría de su alma y el 1ᵉʳ rayo de Poder o Gobierno a nivel de personalidad; en Norteamérica el 2º Rayo de Amor/Sabiduría a nivel de alma, el 6º Rayo de Idealismo o Devoción a nivel de personalidad; y en Rusia el 7º Rayo de Organización o Ritual a nivel de alma y el 6º Rayo de Idealismo o Devoción a nivel de personalidad[5]. Estos rayos funcionarán a través de estos tres grupos. De tanto en tanto, personas de otras naciones se encarnarán en los grupos británico, norteamericano y ruso, y a su debido tiempo, esto provocará la unificación del mundo, con el máximo de diversidad y libertad para todos los pueblos.

P. ¿Cuál es el propósito de estos desarrollos diferentes? (Marzo 2007)

R. Cada raza tiene siete sub-razas, y todas las naciones actuales forman parte de la quinta raza raíz. Europa y Norteamérica representan la quinta sub-raza de la quinta raza raíz. De estos pueblos, especialmente en Norteamérica, se está extrayendo lentamente el núcleo de la sexta sub-raza de la quinta raza raíz. La quinta sub-raza expresa la cualidad de la mente concreta inferior del 5º rayo. Esto ha producido el avance de nuestra ciencia tecnológica. La sexta sub-raza dará expresión con el tiempo a ese aspecto de la mente más elevado que denominamos intuición.

Eso que generalmente conocemos como ciencia es, desde el punto de vista de los Maestros, la actividad de la mente inferior, pero por inferior Ellos no se refieren a menos. Es sencillamente el aspecto inferior de la mente utilizando el cerebro y creando la ciencia actual, la ciencia concreta.

Existen tres tipos de ciencia. Existe la ciencia concreta, la tecnología. Existe la ciencia de la mente superior, filosófica, teorética y abstracta, la ciencia de Einstein, por ejemplo. Existe también la ciencia de la psique o magia blanca, que utilizan los Maestros. Es la misma ciencia que las demás pero es intangible, aunque puedes ver los resultados.

Un Maestro entra en una habitación. ¿Cómo llegó atravesando la pared? Él apareció de repente. Lo hace con la magia blanca, y Él de repente desaparece con la misma ciencia. Él crea algo en Su mano, o Sai Baba crea vibhuti cuando extiendes tu mano. Es la misma ciencia psíquica,

---

5   Para una explicación sobre los siete rayos y los rayos de las naciones, ver *La Misión de Maitreya, Tomo I*, Capítulo 6 y *La Misión de Maitreya, Tomo II*, Capítulo 13.

una ciencia que utiliza un nivel diferente del equipamiento psíquico. Todas estas ciencias son la aplicación del conocimiento y del pensamiento a diferentes niveles. Todo se relaciona con el principio fundamental de que todo en el universo manifiesto es energía y que la energía sigue al pensamiento.

Como dije, la sexta sub-raza desarrollará la intuición, el conocimiento del alma, que desciende a través del cerebro hasta la conciencia. La función de la mente inferior es racionalizar, discriminar. Conoces a través de la experiencia, haces ecuaciones. La intuición está más allá del pensamiento. Es la función del alma antes de que descienda al nivel del pensamiento. El alma sabe en su propio plano, y a través del sistema nervioso, puede hacer saber aquello que conoce. Tú sabes sin tener que pensar.

Así que ese grupo se hará adepto en el uso de la intuición y esto será un gran paso adelante para la humanidad.

P. ¿Es por casualidad la bandera británica, la bandera del Reino Unido, un emblema de unidad en la diversidad? (Marzo 2007)

BC: La bandera del Reino Unido es un emblema de unidad en la diversidad. Eso es exactamente lo que es. Representa las banderas de Inglaterra, Escocia, Irlanda del Norte y Gales.

P. ¿Por qué Rusia parece escoger el orden por encima de la ley y el orden; o el orden y el control por encima de la democracia real? Parecería que el electorado prefiere 'un hombre fuerte' que garantice la seguridad, aunque pueda conducir a más conflicto interno o externo. (Abril 2008)

R. Con respeto, esto me parece un análisis más bien simplista de la situación rusa. Ningún país en el mundo tiene una 'democracia real'. Los países escandinavos son probablemente los más cercanos al ideal. EEUU está gobernada por, y para el beneficio, de grandes empresas y el Pentágono. Gran Bretaña y otros países europeos por antiguos poderes aristocráticos y grandes empresas.

Rusia, como muchos países, es un estado en transición. Una mirada a los rayos de Rusia podría arrojar luz sobre sus problemas. El Rayo del alma es 7, el rayo de orden ceremonial o ritual u organización y esto afecta de forma poderosa a este gran país hacia una unidad organizada y orden benefactor. Al mismo tiempo, la personalidad es 6, (el rayo del idealismo o la devoción, y de la era pasada), expresado por las masas de esta inmensa población. Ambos se mueven y trabajan en direcciones opuestas y así engendran una lucha inevitable. El pueblo de Rusia es profundamente religioso. El Maestro DK (a través de Alice Bailey) predijo que la nueva religión del 7º rayo emergería de Rusia.

Diversidad en las Formas Políticas

Las Formas Políticas en la Nueva Era

Por el Maestro —, a través de Benjamin Creme

Las actuales estructuras políticas son de tres tipos principales, reflejando, por muy imperfectamente que sea, tres aspectos separados de la intención Divina. A estas tres formas les damos los nombres de Democracia, Comunismo y Fascismo. Por muy distorsionadas que estén, cada una encarna una idea divina; por muy corruptas que sean, cada una es la expresión de una energía divina, y cada una está relacionada con un centro planetario mayor.

Aquello que llamamos Democracia es un reflejo, aunque actualmente incompleto, de la naturaleza amorosa de Dios, ejemplificada por la Jerarquía Espiritual, el centro donde el Amor de Dios es expresado. Aquello al que damos el nombre de Comunismo es una expresión, hasta ahora imperfecta, de la Inteligencia de Dios, centrada en la misma humanidad; mientras que el Fascismo, actualmente de manera totalmente distorsionada, refleja la energía de la Voluntad de Shamballa, el centro donde la Voluntad de Dios es conocida.

Cada una de estas tres formas de organización y relación está en un estado de transición, más o menos, y en su transformación gradual hacia una expresión más plena de la idea divina que las sustenta reside la esperanza de una futura cooperación pacífica.

Cada una de estas formas actualmente está caracterizada por un espíritu de rivalidad y exclusividad intensas. Los seguidores de cada una están convencidos de que solo ellos tienen las respuestas a la necesidad del hombre de estructura y organización y están dispuestos, si es necesario, a sumir al mundo en una guerra catastrófica para mantener su sistema particular.

¿Y qué hay del futuro? ¿Como podemos asegurar que estos modos de pensamiento político aparentemente dispares y opuestos no abrumen a la humanidad? No hace falta mucha perspicacia para ver que sin un cambio de rumbo la humanidad se enfrenta a terribles peligros. No hay necesidad de entrar en detalles; la amenaza nuclear es evidente para todos.

Un primer paso inmediato es la comprensión de que la humanidad es Una, sus necesidades son las mismas, en todas partes, por muy variadas y aparentemente conflictivas que sean las formas externas. Las enormes discrepancias en los niveles de vida entre los países pobres y ricos se burlan de esta esencial Unidad, y tienen en sí las semillas de la guerra.

La respuesta por tanto es simple: la puesta en práctica del principio de compartir proporciona la solución a las divisiones en nuestra vida planetaria. Nada menos será suficiente. Compartir es divino, parte del Plan de Dios para Sus hijos, y debe un día hacerse manifiesto.

Y cuando los hombres compartan, las divisiones se unirán, las separaciones serán remediadas; y mediante las tres principales estructuras políticas, el Amor, la Voluntad y la Inteligencia de Dios encontrarán un reflejo más auténtico. Una verdadera Democracia en la que todos los hombres participen tomará el lugar del simulacro actual. Un nuevo espíritu de libertad investirá al ideal Comunista con calidez y amor. Una jerarquía verdaderamente espiritual, que encarna la benéfica Voluntad de Dios, reemplazará un día a los regímenes autoritarios actuales.

Así será. Así las formas externas reflejarán el propósito y vida divinos internos y así presentarán a los hombres nuevos modos de expresión y relación mediante los cuales su creciente sentido de la naturaleza de Dios pueda ser realizado.

Todo aguarda la aceptación del compartir – la clave para la justicia y la paz.

(*Share International*, Diciembre de 1982

Diversidad en las Formas Políticas

P. Es difícil para mí imaginar cómo el fascismo puede evolucionar hacia una forma de gobierno más inspirada divinamente. ¿Podría hablar sobre cómo el fascismo sería en una forma más perfeccionada? (2) ¿Habría, por ejemplo, un solo líder directamente inspirado por la Jerarquía Espiritual?

R. (1) El país en su conjunto estaría estructurado de tal forma para expresar el aspecto más elevado y divino de la Voluntad, para reflejar el propósito Jerárquico. El sistema político sería jerárquico pero dejaría a cada ciudadano con completa libertad y justicia social. (2) Sí habría un líder así.

P. Encuentro difícil ver cómo el fascismo, incluso en su forma más pura, pueda considerarse nunca como un atributo de la divinidad. Podría comentar más sobre ello.

R. El fascismo está relacionado al aspecto de Voluntad o Propósito del primer rayo, centrado en Shamballa donde la voluntad de Dios es conocida. Esto no tiene nada que ver con el totalitarismo destructivo del fascismo en la actualidad.

P. Podría una dictadura benévola como la de Fidel Castro en Cuba (al menos en sus primeros días) ser considerada 'fascismo', reflejando, aunque con bastante imperfección, el aspecto Voluntad de Shamballa?

R. No. Fidel Castro estaba intentando crear comunismo en Cuba.

P. ¿Actualmente, en 2012, qué países se están moviendo potencialmente hacia el sistema político fascista?

R. China.

P. El artículo de su Maestro, *'Las formas políticas en la Nueva Era'*, me hizo comprender cuán equivocado es que EEUU intente exportar o incluso forzar un sistema político democrático en otras naciones. (1) ¿Esta toda nación destinada a establecer uno de los tres sistemas políticos? (2) ¿Estará relacionado con la composición de su población?

R. (1) Sí. Esencialmente pero no de hecho toda nación está destinada. (2) Sí.

P. (1) ¿Puede el alma de una nación expresarse mejor a través de un sistema político específico? (2) ¿Es la estructura de rayos de una nación indicativa de cuál sistema político se arraigará en esa nación?

R. (1) Sí. (2) Sí.

P. ¿Cómo se relacionan las tres formas políticas de las que habla el Maestro con los tres experimentos Jerárquicos para la raza?

R. Las tres formas políticas expresan las cualidades de los Rayos 1, 2 y 3, los Rayos de Aspecto: el comunismo se encuentra bajo la égida del 3er Rayo (el aspecto Inteligencia y centrado en la humanidad misma), la democracia bajo el 2° Rayo (el aspecto Amor centrado en la Jerarquía Espiritual) y el fascismo bajo el 1er Rayo (el aspecto Voluntad y Propósito centrado en Shamballa), todos en sus formas perfeccionadas. El alma de una nación o individuo cuando están en los Rayos de Atributo (rayos 4, 5, 6 o 7) en última instancia tienen que encontrar su correspondencia con uno de los tres Rayos de Aspecto.

P. Usted dijo que la proporción ideal dentro de un sistema económico para una nación estable es 70 por ciento de socialismo y 30 por ciento de capitalismo. ¿Pueden establecerse en alguna de estas tres formas políticas o será diferente?

R. Esta proporción puede establecerse en cualquiera de estas tres formas políticas.

P. ¿Tienen los presidentes Castro, Chávez y Morales una forma diferente de gobierno que las democracias occidentales? (Marzo 2007)

R. Castro, el último de los líderes comunistas del viejo estilo, ha dirigido Cuba durante los casi últimos 50 años. A mi parecer, ésta un poco anticuado. Chávez es algo diferente y Morales es igualmente diferente.

Chávez, que es un tipo de presidente poco convencional, por decir poco, tiene ideas brillantes. Algunas de ellas podrían ser un poco inusuales pero están dentro de cierta línea. Él proviene del Mundo en Desarrollo. Venezuela era, hasta el descubrimiento de su petróleo, un país muy pobre. Ahora es un país rico con una inmensa reserva de petróleo, y así que de repente se ha vuelto importante, especialmente para Estados Unidos. A Norteamérica no le gusta el tono del gobierno de Chávez, se encuentra demasiado a la izquierda para aquellos en el poder en Norteamérica para tenerlos en su portal. Es muy parecido al gobierno de Allende en Chile que la CIA se libró de él. Así que los norteamericanos entregan millones de dólares para impulsar las fuerzas de la oposición en Venezuela, para crear la mayor presión posible contra el gobierno de Chávez e intentar socavarlo de esa forma. Existen muchas organizaciones de derechas, grupos, hombres de negocios ricos en Venezuela que están contentos de tener estos millones de dólares para su propaganda y grupos de presión para contrarrestar lo que ellos consideran la fuerza revolucionaria del gobierno de Chávez. Mientras tanto, Chávez por sí mismo viaja por todo el mundo y construye contactos con muchos gobiernos.

En Gran Bretaña, nuestro así denominado partido del Nuevo Laborismo, significa un minúsculo porcentaje de ideales laboristas y juego limpio, y una gran parte, quizás el 80 por ciento, de comercialización basada en las fuerzas del mercado. Maitreya dice que aquellos gobiernos del mundo que ciegamente siguen a las fuerzas del mercado están conduciendo a sus pueblos a la destrucción. Y eso es exactamente lo que está sucediendo en todo el mundo.

Las fuerzas del mercado por su misma naturaleza están matando a nuestra civilización. Podéis observar este principio destructivo, la comercialización, expulsando todo lo que es sano, todo lo que es justo, todo lo que incluso es de sentido común, fuera del proceso económico del mundo. Está encontrando la forma de convertir cada esfera gubernamental como la sanidad y la educación, y a los mismos seres humanos en peones de las fuerzas del mercado.

Chávez y Morales tienen formas de gobierno ligeramente diferentes pero existen muchas formas. Algunas son denominadas democráticas, otras semi-democráticas, algunas son extraordinariamente antidemocráticas, etc. Con el tiempo el mundo se unificará. Las energías de Acuario inevitablemente producirán una gran síntesis, pero actualmente las energías de Piscis están impulsando a las personas en direcciones diferentes.

P. ¿Se refiere usted a estar unificados bajo un sistema político-económico? (Marzo 2007)

R. Puedes convertirte en un mundo unificado de la forma norteamericana, siguiendo el sistema económico norteamericano alineado con las fuerzas del mercado basado en la competencia, que sirve bien a unos pocos y mal a la mayoría, y así crea los mismísimos cismas y ansiedades, y finalmente el terrorismo y la guerra, que tenemos actualmente. Quizá crean que podríamos intentar crear un mundo, en el sentido de un imperio al estilo norteamericano, una Pax Americana. Todos tendrían la idea norteamericana de la democracia, y de una manera u otra el mundo seguiría compitiendo codiciosamente, sin ir a la guerra. Pero esto es una fantasía. Nunca sucederá.

Esta es la razón por la que tenemos actualmente guerra y terrorismo, porque el punto de vista norteamericano es del pasado. Y el mundo se ha visto forzado por su dominación económica a formas de gobierno y relaciones que son intrínsecamente imposibles para el futuro. La competencia involucrada no crea buena voluntad porque se relaciona sólo con el pasado y no tiene nada que dar al futuro.

Buena voluntad es ciertamente lo que necesitamos, pero la competencia no trae buena voluntad, es justamente lo opuesto. Engendra lo que podríais imaginar, luchando por los mercados y conseguir lo que uno desea contra los propios competidores. Ese sendero conduce a la confrontación, y finalmente a la guerra y a más guerras. Es la forma del pasado.

Es realmente una elección entre la competencia y la cooperación. La cooperación es la forma del futuro, y la única forma que servirá a la humanidad.

P. ¿Por qué parecen ahora los gobiernos tan ineficaces? (Marzo 2007)

R. Los gobiernos sólo saben cómo actuar en términos del pasado, y esto ya no es aplicable. Esa es la razón por la que ningún gobierno en la Tierra actualmente puede gobernar realmente. Hacen todo lo que pueden, y todos fracasan porque básicamente están utilizando métodos anticuados. Sólo una cosa –lo último que se les ocurriría– alteraría el actual impasse al que han arribado, y es inaugurar el sistema de compartir.

Tan pronto como lo hagan, crearán la confianza que les permitirá abordar todos los demás problemas cooperativamente. Tienen que solucionarse cooperativamente. No puedes imponer soluciones a naciones que no las desean. Sólo puede suceder con la cooperación, cuando la confianza generada por el compartir esté presente y permita que tenga lugar el cambio. Entonces la buena voluntad engendrada por la confianza hará posible la solución de los problemas que actualmente parecen imposibles de resolver.

P. ¿Qué piensa de Hugo Chávez y la oleada de gobiernos de izquierdas en Latinoamérica? ¿Esa es la forma en que serán las cosas en el mundo, con políticos trabajando para erradicar la pobreza cada vez más y complaciendo cada vez menos a los ricos? (Enero/Febrero 2007)

R. Para cualquiera que desea ver justicia y el fin de la pobreza y el hambre la respuesta a la pregunta tiene que ser 'Sí'. Chávez está intentando ayudar a su pueblo a salir de la interminable y tradicional pobreza y sufrimiento, utilizando el dinero del petróleo para hacerlo, y, al mismo tiempo, se defiende de los intentos de EEUU de socavar su trabajo. La Jerarquía mantiene el punto de vista que la relación ideal para una sólida cohesión social y justicia es un 70 por ciento de socialismo y un 30 por ciento de capitalismo.

P. Hugo Chávez ha hecho mucho para servir a su país hasta la fecha, pero él parece 'haber perdido el equilibrio' últimamente como evidencia su intento de cambiar la constitución para permitirle mantenerse en el puesto indefinidamente. Sus comentarios por favor. (Octubre 2007)

R. Parece haber un mal entendido. Su programa de cambio probablemente llevará años en madurar y él tiene muchos enemigos en casa y en el extranjero, especialmente en la administración de EEUU. Es obvio, por tanto, que él necesita más tiempo para llevar a cabo las reformas pero eso no significa necesariamente de forma indefinida.

P. Recientemente el Líbano ha presenciado el asesinato de Rafik Hariri, Samir Kassir, George Hawi y Gebran Tueni. Y el intento de asesinato de Mai Chidaic y Elias Murr. ¿Cree que la CIA estuvo involucrada directa o indirectamente en todos estos incidentes? Si es así, ¿qué esperan obtener con ello? (Enero/Febrero 2006)

R. No en todos ellos pero sí en el asesinato de Rafik Hariri, Gebran Tueni y los intentos de asesinato de Mai Chidaic y Elias Murr. Ellos buscarán, como lo han hecho cuando mataron a Rafik Hariri, culpar de los asesinatos e intentos de asesinato a los sirios. Todo esto forma parte de la presión ejercida sobre Siria para que 'acate la disciplina' en relación a la ayuda a la 'insurgencia iraquí'. Para EEUU, Siria es uno de los integrantes del 'Triángulo del Mal' junto con Irán y Corea del Norte.

P. ¿Qué puede hacer la humanidad para detener el aumento del terrorismo y la destrucción? (Octubre 2010)

R. El terrorismo, según los Maestros, es básicamente el resultado de la injusticia. Existen otros factores pero la causa fundamental es un sentido de injusticia. No cabe la menor duda de que las naciones del G-8 han usurpado los bienes y recursos del mundo durante años y años. Hemos vivido de los esfuerzos de las personas en los países en desarrollo durante incontables años. Las personas en las naciones en desarrollo naturalmente se sienten agraviadas y desean rectificar esta situación. Se sienten impotentes, no saben cómo hacerlo. Una de las formas, la forma más agresiva de hacerlo, es convertirse en un terrorista.

El terrorismo es algo terrible, es un cáncer, pero es comprensible si conoces la causa. Necesitamos buscar la causa que yace detrás de cualquier acto de agresión: ¿cuál es la causa detrás de la guerra, detrás del terrorismo? Descubrirás que la causa del terrorismo es una profunda sensación de resentimiento, una sensación de sólo estar recibiendo una partícula de la vida. Los terroristas sienten que sólo poseen un fragmento de lo que las naciones ricas y poderosas como Norteamérica, los países europeos y Japón tienen. No parece justo. Ellos son seres humanos, y sienten que forman parte de la humanidad, que lo son, y, no obstante, no se les da la oportunidad de vivir al máximo, de dar lo mejor que pueden dar a la vida. Y así, muchos de ellos, a menudo los más jóvenes y valientes, se convierten al terrorismo.

Pensar que podemos librar una guerra contra el terrorismo es una tontería. Puedes librar una guerra contra un país pero no puedes librar una guerra contra un enemigo desconocido. No puedes luchar contra el terrorismo, es adaptable, no existe como una nación. Existen terroristas en cada nación, probablemente en cada país sin excepción. Existen terroristas en EEUU que están contra Norteamérica. Provienen de diversos países pero también hay terroristas que nacen y se crían como norteamericanos pero que están profundamente heridos y disgustados con algunos aspectos de la vida en EEUU.

Esto no puede continuar. Este país, EEUU, crea enemigos allí donde va. Es como si Norteamérica no pudiera existir sin un enemigo. Tenéis que tener un enemigo. ¿Por qué? ¿Para probar que sois grandes y fuertes?

Sabemos que sois grandes y fuertes. Norteamérica es como un joven grande, fuerte y saludable: ostentoso y consciente de sus músculos y de que es invencible. Es más bien agresivo y se jacta de su juventud y su poder. Norteamérica es muy joven como nación. Creced, concedeos tiempo para crecer, parad de jactaros de vuestros músculos, vuestra fortaleza y vuestro armamento creando enemigos fuera de este país y eso.

Norteamérica ha librado más guerras contra otros, desde el fin de la Segunda Guerra Mundial, que ningún otro país. Haced que vuestro gobierno detenga la guerra. Vosotros sois los que lo haréis. Vosotros sois los que podéis hacer que vuestro gobierno obedezca la ley de la vida. La ley de la vida es todo lo opuesto de aquello que permite la guerra. Tenemos que erradicar del todo la guerra de nuestra conciencia. Nada se resuelve con la guerra. La guerra sencillamente crea más guerra y más aflicción, más discordia y, actualmente, terrorismo de todo tipo.

El terrorismo se está haciendo cada vez más sofisticado. No puedes luchar contra él con la guerra porque no sabes de dónde proviene, puede provenir de cualquier país del mundo.

P. ¿Tiene alguna información sobre el futuro de Cuba cuando Fidel ya no esté? (Mayo 2007)

R. Cuba ha sido un estado artificial durante largo tiempo, como resultado de dos formas de acción, una principalmente de Castro mismo y una del gobierno norteamericano. El gobierno de Norteamérica ha prohibido cualquier ayuda o incluso comercio con Cuba durante años. Al mismo tiempo Castro, y el posee algunas cualidades muy buenas, ha sido un dictador a largo plazo en Cuba, y una dictadura de cualquier tipo, beneficiosa o no, no es buena para nadie. Así que el pueblo de Cuba podría avanzar con mucha rapidez si Norteamérica finalizara su embargo y si Castro se retirase y renunciara al control de cada aspecto de la vida cubana.

La dictadura, incluso la dictadura beneficiosa, no es una respuesta para las necesidades de la humanidad. El pueblo tiene que ser libre. Y esa libertad tiene que tener relación con un sentido de justicia. En Cuba existe un grado de justicia pero no libertad política. La justicia y la libertad están entrelazadas, ambas son divinas, ambas son necesarias para la divinidad de cada ser humano.

El fin de la jefatura de Castro realmente será una buena cosa para el pueblo cubano a largo plazo. Crecerán por sí mismos, pensarán por sí mismos y tendrán juntos libertad y justicia.

P. ¿Si EEUU y otras fuerzas pidieran consejo de la Jerarquía, qué consejo y soluciones al terrible caos en Afganistán e Irak recibirían? (Octubre 2007)

R. Admitir el error cometido por las invasiones y proporcionar los fondos necesarios y todos los otros recursos para restablecer la paz y la calma en esos países. Celebrar una investigación internacional liderada por la ONU sobre la mejor forma de comenzar y completar esta restauración y comprometerse a no realizar más incursiones del estilo en ninguna otra parte del mundo.

P. (1) ¿Son los gobiernos de coalición el camino a seguir para muchos sistemas políticos que sufren de una política de oposición conflictiva de partidos? (2) ¿Es una forma de gobierno por consenso lo que podríamos ver más en el futuro? (Mayo 2010)

R. (1) Sí. (2) Sí.

P. ¿Qué se necesitaría para convencer a ambos bandos del conflicto palestino-israelí de que deben negociar para llegar a un punto en el que la paz y la tolerancia sean posibles? (Enero/Febrero 2009)

R. Es fácil decir que ellos deben negociar pero la brecha entre los dos bandos es muy grande y estoy convencido de que se necesitará a Maitreya para reunirlos. El problema es que una paz negociada debe ser justa para que perdure. Hasta ahora, a los palestinos nunca se les ha ofrecido una solución equitativa o justa. Tampoco Israel ha estado abierto a negociar sobre asuntos cruciales de diferencia.

Yo creo que un embargo mundial sobre Israel, parecido al que se aplicó a Sudáfrica que llevó al fin del apartheid, sería la forma más efectiva para llevar a Israel a la mesa negociadora.

P. ¿Es realmente efectivo boicotear los productos de países, por ejemplo Israel? ¿No perjudican siempre los boicots a las personas más pobres de un país? (Octubre 2011)

R. Depende del país. Boicotear es una forma para que la comunidad internacional demuestre su desaprobación de prácticas ilegales. Es un instrumento contundente y, dependiendo del tipo de boicot, puede afectar a ricos o a pobres o a todos los ciudadanos de los países boicoteados.

P. ¿Si la acción que Israel realizó en 1967 durante la guerra de los 6 días era constitutivo del 'mal', estamos presenciando la misma energía en funcionamiento con relación a sus acciones contra los palestinos, especialmente los de la Franja de Gaza? (Enero/Febrero 2009)

R. Sí.

P. En junio de 2010 las fuerzas armadas israelíes abordaron una flotilla que tenía aproximadamente unos 700 activistas pro-palestinos a bordo. Unos nueve activistas murieron, muchos fueron arrestados y el resto deportados. (1) ¿Fue éste un acto del mal debido a que el gobierno de Israel está influenciado por un remanente de las energías del Anticristo, a las que usted se refiere como "energías nefarias", que fueron derrotadas durante la Segunda Guerra Mundial? (2) ¿Es esto también el resultado del hecho, según su información, que muchas personas en el gobierno y ejército israelí fueron oficiales militares alemanes en sus vidas pasadas y defensores de la ideología nazi? (3) Algunos comentaristas han sugerido que Israel podría haber permitido llegar a tierra al barco y arrestar a las personas en ese momento en vez de haber abordado el navío en el mar. ¿Escogió Israel llevar a cabo las acciones belicosas que hizo para enviar un mensaje de no jugar con Israel? (Julio/Agosto 2010)

R. (1) Sí. Eso está detrás de la determinación del gobierno israelí (en asociación con el Pentágono) de mantener la tensión en Oriente Medio, incrementando así la tensión y el estrés en todo el mundo. (2) Sí. (3) Sí.

P. El poder militar de Israel depende de la financiación y suministro norteamericanos. ¿Tendrá el colapso económico en EEUU y el resto del globo un impacto positivo en el conflicto entre Israel y Palestina? (Enero/Febrero 2009)

R. Obama ya ha dicho al respecto que Norteamérica apoyará a Israel pero las presiones financieras podrían causar algún descenso del apoyo financiero de EEUU. De cualquier manera, estoy seguro de que se necesitará a Maitreya para reconciliar a estos dos grupos.

P. A corto plazo Maitreya indudablemente tiene que sugerir un acuerdo de tierra-por-paz entre israelíes y palestinos. Sin embargo, a largo plazo la nación de Israel dejará de existir oficialmente y se convertirá en parte de Palestina una vez más sin particiones? (Noviembre 2010)

R. No, no creo que Israel deje de existir, ha pasado demasiado tiempo para eso, pero las dos naciones vivirán una junto a la otra, compartiendo juntas los recursos de la zona.

P. A finales de Julio del 2011 más de 100.000 israelíes salieron a las calles para protestar contra la injusticia social y el coste de la vida en Israel. ¿Podría su Maestro comentar si se trata del comienzo de una primavera 'israelí' y si conducirá a una sociedad más equitativa en Israel, así como también, con el tiempo, en Palestina? (Septiembre 2011)

R. Es un comienzo en la dirección correcta.

P. ¿Cuál es el papel de Israel en el nuevo orden mundial? (Noviembre 2010)

R. El papel de Israel en el nuevo orden mundial es arrodillarse y rezar por el perdón por lo que le está haciendo a los palestinos. Luego continuar con la realidad de dividir la tierra de Palestina para crear dos naciones sólidas y viables, Israel y Palestina. El futuro para Israel es la penitencia y el resurgimiento de la buena voluntad natural de su pueblo y la superación del mal que el gobierno está creando en tierras palestinas.

P. (1) Se le ha preguntado a Maitreya sobre la situación entre Israel y los Palestinos ahora que el bloqueo de Gaza ha captado la atención del mundo? Si es así, (2) ¿cuál es la naturaleza general de Su respuesta? (Julio/Agosto 2010)

R. (1) Sí. (2) Maitreya deplora la actual situación trágica de los palestinos y deja claro Su punto de vista. Él insta a EEUU, en lugar de apoyar las acciones crueles del gobierno israelí, a utilizar su influencia con los Israelíes para poner fin a este bloqueo inhumano y a empezar negociaciones de paz.

P. ¿Deberían evacuarse los asentamientos judíos ilegales de Cisjordania (y Jerusalén Este) para hacer posible un tratado de paz justo? (Julio/Agosto 2011)

R. Sí.

P. Algunos grupos y organizaciones apoyan la petición de los palestinos de una solución de un estado en el cual todos los ciudadanos, judíos y palestinos, tengan los mismos derechos democráticos en un país. ¿Cómo ve la Jerarquía una solución así? (Julio/Agosto 2011)

R. Una excelente solución exceptuando que probablemente sea inalcanzable. Por tanto, Ellos se inclinan por una solución de dos estados.

P. *Share International* parece prestar mucha atención a zonas problemáticas del mundo, como Oriente Medio y a temas como Palestina e Israel. ¿Por qué ocupáis tanto espacio impreso con estas historias? (Enero/Febrero 2006)

R. Porque la resolución de los conflictos que tienen lugar allí es esencial para la paz mundial.

P. Después de los inspiradores acontecimientos durante la Revolución Naranja el pasado año, algunas personas ahora están decepcionadas con el presidente de Ucrania Viktor Yuschenko. ¿Podría decir algo sobre las perspectivas de Ucrania? (Enero/Febrero 2006)

R. Existe toda la diferencia del mundo entre liderar e inspirar a una agrupación idealista de personas y la implementación práctica de las esperanzas e ideales de esta personas. En el cargo, Yuschenko está descubriendo que es mucho más difícil realizar las esperanzas de tantas personas. Ellas no deberían confiar en un hombre no demasiado práctico. Ellas necesitan elegir un *equipo* de idealistas prácticos y trabajar juntos para el bien de todos.

P. Maitreya ha dicho que nosotros somos los "protectores de nuestros hermanos". ¿Eso se aplica a escala internacional? Por ejemplo: ¿debería el resto del mundo quedarse de brazos cruzados mientras un país como Zimbabwe se mueve en espiral fuera de control hacia un caos devastador? Algunas personas piden que el pueblo de Zimbabwe se levante y derroque al liderazgo corrupto. El mundo espera

que los líderes africanos actúen. Mientras tanto la escalada de violencia, miseria y hambre continúa. (Julio/Agosto 2008)

R. Naciones Unidas debería ser invitada por los líderes africanos a investigar a fondo y actuar si fuese necesario.

P. Países vecinos están a menudo en guerra, y dentro de países (como en muchas partes de África) existen conflictos entre pueblos, tribus y grupos étnicos y religiosos. El culpable parecen ser los antiguos señores coloniales que deliberadamente establecieron fronteras nacionales con una política de divide y gobierna. ¿No se trató más de un caso de ignorancia y falta de sensibilidad que de un acto deliberado de dividir pueblos y tribus que tenían lazos tradicionales, culturales y/o étnicos? (Octubre 2007)

R. Sí, creo que es más el resultado de la ignorancia y la insensibilidad que de una política deliberada.

P. Es difícil de imaginar lo que hubiera sido el mundo sin el colonialismo. (1) ¿Fue 'parte del Plan'? (2) ¿Fue el colonialismo más beneficioso o más negativo en su efecto, hablando en términos generales? (Octubre 2007)

R. (1) No. (2) Los efectos del colonialismo son muy variados, a menudo dependiendo del enfoque, hábitos y métodos de la potencia colonizadora. En términos muy generales, a pesar de haber causado mucha infelicidad, el colonialismo aportó más beneficios a la humanidad que otra cosa.

P. La corrupción en los países en desarrollo a menudo ahuyenta a posibles donantes. Aunque la monitorización de los niveles de corrupción y transparencia es bienvenida, la definición de corrupción conduce a resultados distorsionados contra países en desarrollo donde la corrupción es generalmente individual y también como reacción a los injustos sistemas económicos y comerciales del mundo. La corrupción a gran escala gubernamental, militar, multinacional y política en los países industrializados tiende a ser no tenida en cuenta en tal monitorización. ¿Sería preciso decir que los países grandes, ricos y poderosos contribuyen a la corrupción en los países más pobres y en qué medida? (Octubre 2007)

R. Esa no es la cuestión. La corrupción existe en todo el mundo, mucho mayor en efecto en los países desarrollados, debido a las enormes sumas de dinero en cuestión, que en las zonas más pobres del mundo. Además, la corrupción que existe en el mundo en desarrollo no es sólo más visible sino que proporciona a los gobiernos del mundo desarrollado una excusa fácil para no enviar ayuda a estos gobiernos 'corruptos'.

Elecciones

P. ¿Cuán imparciales fueron las recientes elecciones norteamericanas (noviembre 2006), que supusieron el regreso al poder del partido demócrata en el Congreso? (Diciembre 2006)

R. Alrededor del 35 por ciento, lo que significa que si hubiesen sido imparciales al 100 por ciento hubiera significado un triunfo arrollador para los demócratas.

P. ¿Fueron manipuladas las máquinas de voto electrónico, como en las elecciones norteamericanas de 2004, para dar ventaja a los republicanos, aunque solo lo necesario para darles como ganadores? (Diciembre 2006)

R. Algunas de ellas, sí, pero menos que en las anteriores elecciones. Los otros métodos, intimidación, etc., fueron bien evidentes.

P. ¿Conoce el presidente Bush toda la corrupción en su sistema de votación? (Diciembre 2006)

R. No. Él delega esos detalles a su equipo.

P. ¿Quién ganó las elecciones en México? (Septiembre 2006)

R. Por extraño que parezca, fueron unas elecciones casi por completo libres y justas, a diferencia de las últimas dos elecciones en Estados Unidos, siendo la última la más corrupta, pienso, que nunca haya tenido lugar en un estado moderno.

Debéis aseguraros que no tengáis otra elección como esa. No lo permitáis. Las máquinas de voto fueron pre-programadas para cambiar cada quinto voto para Kerry en uno para Bush. Estas elecciones fueron completamente falsas. Ohio lo ganó Kerry, aunque lo perdió. Florida lo ganó Kerry, como también Nuevo México. Los resultados hubieran sido completamente diferentes si no fuese por la corrupción. Hubo un voto masivo contra Bush pero también un voto poderoso a favor suyo. Pero Kerry ganó las elecciones y le fueron denegadas, al igual que en las primeras elecciones en que Al Gore las ganó y le fueron denegadas. El mundo sería un sitio completamente diferente si Gore o Kerry hubieran sido presidentes. Podrías tener a Maitreya de forma abierta ahora.

P. ¿Tuvo lugar una manipulación de votos en las recientes elecciones presidenciales en EEUU? (Diciembre 2008)

R. Sí, pero en un menor grado que en las dos últimas elecciones.

P. Si es así, ¿cuáles hubieran sido los resultados reales, sin el amaño de votos y otros trucos? (Diciembre 2008)

R. Alrededor de un 5 por ciento más para Barack Obama.

P. ¿Cuál es su opinión sobre las recientes elecciones en Irán en relación al proceso electoral y los supuestos resultados? (1) ¿Cuán precisos fueron los resultados publicados? (2) ¿Cuál presidente hubiera sido mejor para Irán a largo plazo: Ahmadineyad o Musaví? (Julio/ Agosto 2009)

R. (1) Creo que las elecciones iraníes, al igual que las dos elecciones del ex presidente Bush, fueron profundamente fraudulentas con grave 'amaño' por el partido en el poder. La reacción pública en Teherán puede ser comprendida perfectamente y está justificada. (2) Musaví.

P. El Organismo Internacional de Energía Atómica recientemente informó que Irán está intentando desarrollar armas nucleares. ¿Cree que este informe es preciso, y si es así, que debería hacer, si es que algo, la comunidad internacional al respecto? (Diciembre 2011)

R. Mi información es que esta creciente suposición por parte de Norteamérica, Israel y otros estados no es precisa. Mi información es que Irán está centrando su programa nuclear, como lo indican, sólo para propósitos pacíficos, pero que desean desarrollar un sistema que les permitiría, si son atacados, tener la posibilidad de crear un arma de represalia. Desean ambas aptitudes, en otras palabras, no están creando armas de ataque pero desean tener la posibilidad de represalia si son atacados. Uno no debe olvidar que Israel tiene armas nucleares.

P. (1) En las elecciones presidenciales francesas, se utilizaron por primera vez máquinas de votar en Francia, por iniciativa del ministro, el Sr. Sarkozy. ¿Hubo algún fraude en las elecciones? (2) Con la elección del Sr. Sarkozy, ¿prevé la Jerarquía futuras agitaciones sociales en Francia? (Junio 2007)

R. (1) Sí, pero un pequeño porcentaje comparado con algunas de las recientes elecciones en otros lugares. (2) No especialmente.

P. Cada vez más las elecciones parecen ser impugnadas en diversas partes del mundo. (1) ¿Es un indicativo de que muchas elecciones sean fraudulentas? (2) ¿Es también un indicativo del fracaso de los políticos como los conocemos de responder a las necesidades reales de las personas? (3) ¿Tiene sus días contados la política de partidos adversarios? (Enero/Febrero 2008)

R. (1) Sí, y en importantes países que más se ofenden por los 'fraudes' en países en desarrollo. (2) Sí. (3) Sí. Las personas quieren sobre todo que se satisfagan sus necesidades.

P. ¿Fueron fraudulentas las elecciones keniatas de 2007? (Enero/Febrero 2008)

R. Sí, hasta cierto punto.

P. ¿Significa la elección de Barack Obama que el aspecto alma de Norteamérica puede manifestarse más fácilmente? (Diciembre 2008)

R. No necesariamente. ¡Él no ha hecho nada aún! Un mejor indicativo vendrá cuando el público norteamericano escuche y evalúe a Maitreya. La comunidad afroamericana se sentirá autorizada y vindicada por la victoria electoral de Barack Obama pero casi la mitad del voto popular, el 48 por ciento, fue para los republicanos. La ruptura de la hegemonía económica y financiera norteamericana será muy influyente en los próximos meses.

P. Mucho, quizás demasiado, se espera del nuevo presidente norteamericano. ¿Piensa que el mundo está siendo demasiado optimista? Se espera que Barak Obama resuelva las principales crisis mundiales actuales: la crisis económica, el medio ambiente, el desempleo, el hundimiento industrial, la ascendente cifra de personas sin hogar, la creciente pobreza, el conflicto en Oriente Medio y el terrorismo.

Seguro que para tal labor se necesitaría un superhombre para abordarla. (Enero/Febrero 2009)

R. Completamente cierto. Afortunadamente, tenemos a un superhombre que realmente nos puede mostrar el camino para resolver estos problemas, Su nombre es Maitreya. El resto depende de nosotros. Nosotros tenemos que tomar las decisiones correctas a la luz de las ideas de Maitreya. Obama podría ser una voz decisiva para una 'nueva' Norteamérica –cooperativa y dispuesta a escuchar a los demás– en el mundo.

P. Las elecciones y la perspectiva de una nueva era en la política norteamericana con Barak Obama como presidente parece haber subido la moral de los norteamericanos y muchos más en todo el mundo. ¿Espera usted una nueva fase de moderación y negociación en vez del belicismo? (Enero/Febrero 2009)

R. Sí. Él probablemente no se retirará inmediatamente de Irak o Afganistán, pero tan pronto como sea posible, lo que eso signifique. Pero podemos esperar tratar con un presidente que no parece hablar o actuar desde la demagogia ideológica, que es empírico y moderado y que tiene a un país muy enfermo al que debe restablecer la salud. Él tiene esto a su favor –Maitreya y Su visión, energía y amor. ¡Qué ejemplo a seguir para él!

P. ¿Existe algún político en Japón que esté inspirado por Maitreya? (Septiembre 2010)

R. Existen aquellos que han oído de Maitreya y Sus prioridades y que tienen en buena estima esta información pero que no actúan porque se sienten impotentes. Existen unos pocos que están, como usted dice, directamente inspirados, pero por el Maestro de Tokio. El Maestro de Tokio tiene discípulos a través de los cuales Él trabaja. En cada país se están congregando personas que responden al mundo en su conjunto más que a su propio país individual. Estas personas proporcionarán los marcos de los nuevos gobiernos que se formarán, por elección democrática, en cada país. La sinceridad y el altruismo serán el sello distintivo de los nuevos gobiernos.

P. ¿Existen políticos en el mundo que están inspirados por Maitreya? (Septiembre 2010)

R. Existen muy pocos políticos de la vieja escuela que sepan o les importe algo sobre Maitreya. Pero en los centros, especialmente en aquellos donde vive un Maestro [Londres, Nueva York, Tokio, Darjeeling, Ginebra, Moscú, Roma], existe un creciente número selecto de grupos de personas que han sido reunidas. Ellas conocen el Plan y saben lo que la humanidad necesita, y a través de su obvia falta de ego y obvia sinceridad, serán colocadas en puestos de influencia y poder.

Estas preguntas a menudo tratan de individuos. Las energías de Acuario, sin embargo, sólo trabajan a través de grupos. La idea de una persona iluminada o poderosa que surja y forme un grupo está cambiando. Pero cuando un grupo está trabajando como un grupo, no como individuos, entonces las energías de Acuario pueden ser contactadas y utilizadas.

P. Cada día que pasa queda más en evidencia que los políticos no saben qué hacer y no tienen respuestas a la creciente crisis mundial. ¿Existe algún político o líder en el mundo actualmente que tiene alguna noción de cómo proceder y cómo abordar los crecientes problemas? (Noviembre 2011)

R. Sí, pero aún no ocupan el cargo.

Conspiraciones Norteamericanas

P. ¿Por qué el hombre que se hace pasar por Saddam Hussein continúa tanto tiempo con el engaño? ¿Él se está sometiendo a mucho sufrimiento, para qué? (Diciembre 2006)

R. La escandalosa y siniestra verdad es que el pobre hombre que acaba de ser condenado a la horca ya no se da cuenta de que él no es Saddam Hussein sino un primo parecido. Durante un año en manos de la CIA ha sido sometido sistemáticamente a un lavado de cerebro con productos químicos e hipnosis para que olvidara su propia identidad y asumiera la de Saddam Hussein, el presidente de Irak.

Estos métodos han sido utilizados por muchas personas de las agencias de inteligencia en el mundo durante muchos años, especialmente para transformar y utilizar espías capturados. Es para que este proceso pudiera llevarse a cabo que este doble de Saddam Hussein desapareció de la vista pública, después de su captura, durante tanto tiempo.

P. ¿Sabrá alguna vez el mundo la verdad sobre la ejecución del Saddam Hussein 'equivocado'? (Enero/Febrero 2007)

R. Sí, creo que lo hará. Pienso que Maitreya, por sí mismo, hablará del tema, o, si no, alguien seguro que le formulará preguntas relevantes sobre ello.

P. ¿Dónde está el cuerpo del Saddam Hussein real? (Enero/Febrero 2007)

R. Está enterrado en Tikrit, al norte de Irak, que es el hogar tribal de Saddam Hussein.

P. ¿Cuánto ADN es compartido por primos? (Enero/Febrero 2007)

R. Varía, por supuesto, pero alrededor del 75 por ciento. El único ADN que las autoridades norteamericanas tenían para comparar el doble de Saddam era el de los hijos de Saddam Hussein. Así la supuesta prueba de ADN que prueba la identidad de Saddam Hussein es falsa.

P. El 26 de marzo de 2010, un buque de guerra surcoreano se hundió cerca de la frontera marítima nor-surcoreana. La investigación surcoreana de la causa del hundimiento concluyó que un torpedo disparado desde un submarino norcoreano fue el responsable. EEUU y otros gobiernos han condenado a Corea del Norte, pero el Norte afirma que las supuestas pruebas fueron deliberadamente colocadas y niega rotundamente cualquier involucración. ¿Realmente un submarino norcoreano disparó el torpedo? (Junio 2010)

R. Mi información es que Corea del Norte no tiene nada que ver con el hundimiento del buque surcoreano. Mi información es que el verdadero culpable es la CIA norteamericana, para presionar más a Corea del Norte.

P. Recientemente vi al G-20 en televisión donde el presidente de EEUU y el presidente surcoreano se abrazaban y sonreían. Me pregunto si el presidente surcoreano sabía que su buque de guerra había sido hundido por la CIA norteamericana (ver Share International Junio 2010). Corea del Sur y EEUU son aliados. No puedo creer que saludara gratamente si supiera que había sido llevado a cabo por la CIA.

(1) ¿Sabe que el crimen ha sido perpetrado por la CIA? (2) ¿Sabe el presidente norteamericano que el verdadero culpable es la CIA y mantiene el silencio para evitar problemas previstos? (3) ¿Dio la orden el presidente de EEUU de hundir el barco surcoreano? (4) ¿Realizó la CIA la acción de forma independiente? (5) Si es así, eso indica que la CIA no está bajo control. ¿Supone una amenaza para el mundo? (6) ¿Existe algún otro país que conoce al verdadero culpable? (7) Si el presidente de EEUU conoce al verdadero culpable, ¿no debería pedir sinceramente perdón por el asesinato y la planificada falsa acusación hacia Corea del Sur y del Norte? (Enero/Febrero 2011)

R. (1) No. (2) No. (3) No. (4) Sí. (5) Sí. (6) Probablemente no. (7) Sí, pero no lo sabe.

P. La muerte de Osama bin Laden a manos de un comando especial de ataque norteamericano en Pakistán acaba de ser anunciada. Se dice que recibió un disparo en el ojo y fue abatido (desarmado) y que su cuerpo ha sido arrojado al mar, es decir, no recuperable para ser inspeccionado. ¿Podría decir si éste es realmente el fin de Bin Laden? (Junio 2011)

R. Yo creo que Osama bin Laden ya no está vivo, pero esta información de la administración de EEUU no concuerda con mi información, que es que Osama bin Laden murió pacíficamente, después de una larga lucha contra una enfermedad, en 2006. Antes de morir quiso mantener su llamada por la 'justicia' (según su entendimiento de la palabra) y organizó que uno de sus muchos hermanos más jóvenes mantuviera el mito de su presencia.

P. En 2007 Benazir Buttho dijo en una entrevista que Osama bin Laden estaba muerto. (1) ¿Estaba en lo cierto? (2) ¿Cómo murió? (3) ¿Dónde está enterrado su cuerpo? (4) Si este escenario es correcto, ¿por qué se mantuvo en secreto su muerte? (5) Suponiendo que estos son los hecho, ¿desde cuándo conocían los norteamericanos el fallecimiento de Osama bin Laden? (Junio 2011)

R. (1) Sí. (2) Él murió después de una larga lucha contra el cáncer y una enfermedad renal. (3) No fue enterrado sino incinerado. (4) Él quería mantener el mito como una llamada a la acción para los jóvenes. (5) Ellos probablemente creían que aún estaba vivo.

P. ¿Por qué fue abatido Osama bin Laden? ¿Por qué no fue capturado y llevado ante la justicia? (Junio 2011)

R. Pregunta a los norteamericanos.

P. ¿Por qué su cuerpo fue "enterrado en el mar"? (Junio 2011)

R. Pregunta a los norteamericanos.

P. Existe algo muy sospechoso sobre las noticias de cómo Osama bin Laden murió. Recuerda la sensación de los así denominados relatos de cómo se 'halló' a Saddam Hussein y otros 'hechos' que rodearon su 'juicio', etc. Por favor sus comentarios. (Junio 2011)

R. Desde luego.

P. Una de las noticias que mostraban el complejo donde Osama bin Laden fue abatido mencionó que no había señales de una máquina de diálisis renal, no obstante era bien conocido que Bin Laden padecía de graves problemas renales. ¿La ausencia de una máquina de diálisis no indica la posibilidad de que Osama bin Laden no viviera en el complejo? (Junio 2011)

R. Mi información es que él nunca vivió en ese complejo.

Las Naciones Unidas

P. ¿Es probable que alguna vez llegue a existir el así denominado "Gobierno Mundial"? (Noviembre 2010)

R. No. Los planes de la Jerarquía no incluyen la formación de un gobierno mundial. Más bien, Naciones Unidas es considerada como la plataforma donde se expongan y debatan todos los problemas internacionales. Se considera que cada nación tiene su propio destino y su propia estructura de rayos o energética. Uno podría decir en una frase que la 'unidad en la diversidad' es más cercana a la visión de la Jerarquía.

P. Podría comentar sobre la aparente paradoja entre su postura apoyando el futuro papel de la ONU en la política mundial y el concepto

del libre albedrío. (Noviembre 2010)

R. Yo para nada veo ninguna contradicción. La ONU no es un gobierno mundial sino un 'consejo de sondeo' para el intercambio de todas las diferentes, y quizás contradictorias, ideas, y es esencial para el libre intercambio de tales ideas. Es la esperanza de la humanidad para un mundo mejor, y mejor ordenado, pacífico y humano.

P. Usted ha dicho que algunos problemas sólo se solucionarán después el emerger de Maitreya. ¿Eso es también cierto sobre la reforma de las Naciones Unidas? (Marzo 2007)

R. Las Naciones Unidas no tiene aún el ambiente para la extraordinaria reforma de desechar el veto. No hay forma actualmente de que Norteamérica vaya a renunciar al uso del veto, y diría lo mismo de Gran Bretaña, Francia, Rusia y China. Todos aman ese veto y el poder que les confiere.

En lo que concierne a la reconstrucción de Naciones Unidas, no creo que vaya a ocurrir nada así hasta que Maitreya esté bien y verdaderamente establecido, y Sus puntos de vista sean conocidos. No hay manera de que Naciones Unidas logre una existencia verdaderamente democrática mientras sea presionada por el Consejo de Seguridad y persista el veto, y no se escuche la voz democrática de la Asamblea General. No puedo ver que eso ocurra hasta que Maitreya sea aceptado, y Sus pensamientos, ideas y prioridades estén guiando a la humanidad. Pienso que se necesitará a Maitreya para que lo provoque.

Compartir

Los Motivos para el Compartir

Por el Maestro —, a través de Benjamin Creme

En breve llegará un momento en que la humanidad deba tomar una gran decisión. Preocupada como está en todos los frentes por divisiones y escisiones, debe encontrarse un nuevo enfoque a los muchos problemas que la afligen. Sin semejante nuevo enfoque, no hay duda de que un siniestro futuro aguardaría a la humanidad.

Históricamente, no existe precedente para la actual situación y condiciones en la Tierra. Nunca antes han coexistido tantas almas en el planeta. Rara vez, o nunca, las divisiones entre los grupos han sido tan dolorosas y profundas. Nunca el hombre ha controlado fuerzas semejantes de destrucción como las que actualmente se encuentran a su disposición, dándole el poder de destruir la vida en cada reino. Cuando semejante destrucción amenaza, el hombre debe recapacitar e idear nuevas formas de proceder.

De todas las posibles formas todavía queda una que no se ha probado. A lo largo de su historia una respuesta sencilla ha eludido la comprensión del hombre. El principio del Compartir es el único que responderá a las necesidades del hombre y resolverá sus muchos problemas, pues es fundamental al Plan de Dios Mismo. Sin compartir, el hombre niega su divinidad y almacena para sí mismo todas sus futuras aflicciones. Sin compartir, reina el caos atroz y deniega al hombre la Justicia que es suya por derecho. Sólo el compartir proporciona la oportunidad de establecer el Plan de Dios de Fraternidad y de eliminar del mundo para siempre el pecado de la separación.

¿Cómo, sin el compartir, podría seguir el hombre? ¿Cómo, sin el compartir, podría esperar sobrevivir? Tan grandes son los peligros del actual desequilibrio entre las naciones que la suerte por sí sola no bastaría para salir adelante. Una mortífera enfermedad – la separación y la codicia – prevalece sobre la tierra, y requiere drásticas medidas para efectuar una cura.

La sencilla cura está al alcance de la mano a pesar del caos exterior. La prolongada prueba de la humanidad casi ha llegado a su fin. Desplegada contra las fuerzas que todavía mantienen al hombre en la esclavitud, la Jerarquía de Luz vuelve sobre Sus pasos y se mantiene unida bajo la bandera de la Verdad.

La misión de Maitreya comienza con un llamamiento a los hombres para compartir. Su conocimiento de los corazones de los hombres Le permite estar seguro de la elección de ellos, y seguro de su buena disposición para realizar los cambios necesarios. "El hombre debe compartir o morir", Él ha dicho, sabiendo bien que los hombres elegirán compartir y vivir, y crear con Él un futuro mejor.

Hasta ahora, todos los esfuerzos para resolver los problemas del hombre se han dirigido hacia el mantenimiento de las estructuras actuales, por muy injustas que hayan resultado ser. Las divisiones en todas partes reclaman una resolución y esperan la aplicación de la Ley de la Justicia.

El temor domina a muchos hoy al escuchar las disputas de sus líderes; se aproxima un tiempo en el que dejarán muy atrás a sus líderes. El hombre está despertando a la llamada de libertad y sólo necesita un verdadero liderazgo para poner en orden al mundo. Maitreya ha venido para mostrar el camino y para guiar a los hombres hacia la fraternidad y la justicia. Se abre una nueva era bajo Su sabia dirección que demostrará la verdadera divinidad del hombre, estableciendo los medios para el compartir y la cooperación y cumpliendo así el Plan de Dios.

(*Share International*, Marzo de 1987)

Compartir – El Único Camino para la Paz

P. ¿Podría por favor delinear los pasos prácticos que las naciones podrían tomar para implementar el compartir global? (Abril 2008)

R. Existe ya un grupo de Maestros en el mundo, 14 Maestros y Maitreya. Ellos tienen Sus discípulos. Estos discípulos han formado una serie de planes, anteproyectos, alternativos e interrelacionados que si se implementaran solucionarían los problemas de redistribución que es el principal problema económico actual. Los recursos están allí. Hay más alimento en el mundo de lo que necesitamos, mucho del cual se pudre en los almacenes del mundo desarrollado mientras que millones de personas mueren de hambre en otros sitios. Estos planes interrelacionados delinearán un método muy sencillo de redistribución.

Existen varios planes, pero éste es el mejor y el más sencillo. La humanidad podría o no adoptarlo, pero alguna variación del mismo podría ser aceptable. En primer lugar, se pedirá a cada nación que haga saber lo que produce, lo que cultiva, lo que importa. De esta manera se conocerá la suma total de bienes de la Tierra. Se pedirá a cada nación que done a un fondo central aquello que tiene en exceso de sus necesidades.

Las naciones ricas y poderosas, obviamente, aportarán más porque tienen tanto en exceso, y las naciones más pobres aportarán menos porque tienen menos, pero todas aportarán lo que poseen en exceso de sus necesidades. De este fondo central, creado por todas las naciones, se satisfarán las necesidades de todos. Esto tiene en cuenta las necesidades del planeta.

Nosotros arruinamos, devastamos, el planeta. Se abusa de él y ahora está enfermo. Este plan de redistribución tomará en cuenta lo que tenemos que hacer, por ejemplo, en un mundo en el que cada vez escasean más los árboles. Debemos plantar más árboles, nunca utilizarlos por encima de cierta cifra. Obtenemos nuestro oxígeno del reino vegetal, y al mismo tiempo el reino vegetal es un maravilloso captador de dióxido de carbono. Así que cuantos más árboles destruimos, menos oxígeno tenemos y mayor es nuestra 'huella de cárbono'. El ochenta por ciento del calentamiento global, que es una realidad absoluta, está creado por la misma humanidad desencaminada.

Y luego tienes a los ignorantes como el presidente norteamericano [George W. Bush] que declara que no existe el calentamiento global. 'No existe', afirma. ¡Esto, en un país que produce el 25 por ciento de la contaminación mundial! Un país produce un cuarto de la contaminación mundial y niega su efecto.

P. El compartir es un objetivo admirable y también lo que es necesario en el mundo, pero se trata de lo que menos les gusta hacer a las personas. Simplemente mirad a vuestro alrededor. Incluso personas 'buenas' por lo demás no parecen dispuesta a hacer esto. El egoísmo, me perece, es pandémico. Me pregunto qué diantre debería suceder para cambiar esta forma de pensar. Estar dispuesto a compartir es muy diferente a ser forzado a compartir. ¿Qué tiene Maitreya escondido en su manga para cambiar la forma de pensar de 6.000 millones de personas, además de las experiencias del Día de la Declaración, que no pienso que sean suficientes para lograrlo, dado que muchos las considerarán un fraude, alucinaciones, etc.? (Mayo 2008)

R. Ésta es una reacción bastante común a mi información, incluso de aquellas personas que no tienen dificultad en aceptar el hecho de los Maestros o Maitreya, o de la urgente necesidad de compartir como la única forma hacia la justicia y la paz. Sin embargo, yo creo que es profundamente equivocada. Es cierto que hemos caído en una profunda materialidad que se demuestra con el dominio que la comercialización ejerce ahora en cada aspecto de nuestras vidas. La comercialización, advierte Maitreya, es más peligrosa para la humanidad que una bomba atómica.

Uno de los problemas es la dificultad que la persona normal y corriente tiene en visualizar los medios por los cuales tendrá lugar el compartir. Las personas tienden a pensar en el compartir en términos puramente personales: se imaginan siendo forzadas a compartir sus ingresos con extraños en la otra orilla de los mares. El principio de compartir, cuando la humanidad vea la necesidad, se organizará globalmente, cada nación dará a un fondo central sólo aquello que tiene en exceso de sus necesidades. De ese fondo común se satisfarán las necesidades de todos.

Esto no sucederá a menos y hasta que la humanidad acepte el principio de compartir, Nuestro libre albedrío nunca es infringido por los Maestros. En realidad, en el mundo verdaderamente real (no el mundo comercial) no tenemos ninguna opción excepto compartir. Todos los demás métodos han sido probados y han fracasado y han conducido al actual estado lamentable de la estructura económica mundial (que se tambalea al filo de la navaja) y que ha llevado a la ecología del planeta a un desequilibrio peligroso. Sólo el compartir puede establecer la confianza necesaria entre las naciones requerida para abordar seriamente los muchos y peligrosos problemas que afronta la humanidad. ¿Qué tiene Maitreya 'escondido en Su manga' para lograr que hagamos la única cosa correcta para salvar nuestro planeta? Su energía del Amor que va directa al corazón y saca a relucir lo mejor en hombres y mujeres. Nadie conoce el poder de Maitreya.

P. La comercialización parece estar ganando, si miramos las compras de Navidad y los fuegos artificiales de Año Nuevo en todo el mundo y todos los gastos en las rebajas. La (así llamada) cultura popular parece un vehículo para la comercialización. Podría comentar sobre ello. (Enero/Febrero 2007)

R. La comercialización no está ganando. Está, sin embargo, creciendo y alcanzando un punto culminante de influencia en todos los aspectos de nuestras vidas. Debido a las fuerzas del mercado (que Maitreya denomina las "fuerzas del mal"), la comercialización ha entrado en la vida de todos y la Navidad no es una excepción a esta tendencia. Continuará hasta que nos despertemos y comprendamos cómo los valores del comercio están exprimiendo la savia de cada acto y reverencia humanos.

El compartir, algo que finalmente descubriremos, es la única respuesta a este creciente distanciamiento de las 'verdades eternas'. Maitreya dice que la comercialización es más peligrosa que una bomba atómica.

P. Soy consciente de la importancia de las prioridades de Maitreya pero ¿cómo podemos aplicarlas incluso en un nuevo negocio? (Junio 2007)

R. Piensa en lo que es la esencia de ellas. La esencia de las prioridades de Maitreya es el principio de compartir.

Puedes comenzar el negocio como el jefe, empleando a 20 personas, pagándoles lo menos posible, haciéndoles trabajar el máximo de horas por una paga mínima. Eso es lo habitual actualmente. Esto se denomina el efecto de las fuerzas del mercado. Absorbe la vida de la vida. Las fuerzas del mercado convierten a las personas en autómatas, peones movidos por personas en el poder. Está sucediendo en todo el mundo. Las personas lo ven pero está ocurriendo tan rápida y sutilmente que en realidad no lo asimilan: ¿por qué gano menos a la hora, trabajando más horas que hace 10 años? ¿Por qué mi estándar de vida cae a pesar de que el país en su conjunto supuestamente sube?

¿Así, qué haces? Por ejemplo, podrías comenzar tu nuevo negocio como una cooperativa. Empleas digamos 20 personas, así que existen 21 de vosotros y compartís el dinero que ganáis. Nadie gana más que los demás. Todos trabajan igual de duro. Intentáis mantener las horas que todos trabajáis al mínimo e intentáis pagar a todos el máximo por lo que hacen. Es la fórmula de la Nueva Era. Cuando comienzas a trabajar de esta forma, comprendes lo que significa síntesis. De esa forma creas grupos. La energía de Acuario sólo funciona de una forma sintética, a través de grupos. No tiene aplicación individual.

Tienes que transformar toda tu idea de ganar dinero y hacerte rico. Si lo haces de forma acuariana no te volverá inmensamente rico o todos vosotros os volveréis ricos.

Maitreya dice que la economía de un país es como un carro, necesita dos ruedas. Necesitáis dos ruedas, capitalismo y socialismo. Necesitáis una combinación de ambos. Desde el punto de vista de los Maestros, la mejor combinación es 70 por ciento socialismo y 30 por ciento capitalismo. Estos son los mejores medios para el mayor bienestar de todas las personas del país.

P. (1) Ahora que el Congreso de EEUU ha aprobado un plan de rescate financiero, ¿cuán cerca está EEUU y el mundo del crack bursátil mundial que la revista Share International ha predicho? (2) ¿Nos estamos dirigiendo hacia un colapso económico total, o recesión, en todo el mundo como algunas personas han predicho, o (3) son los problemas económicos a los que nos enfrentamos más limitados en alcance? (Noviembre 2008)

R. (1) Éste es el crack. No podemos estar más cerca. (2) No total quizás, pero de muy gran alcance. (3) No. Todo el sistema y pensamiento económico debe transformarse. Se necesitará la adopción del principio de compartir para lograr esto.

P. ¿Será el mensaje de compartir de Maitreya más difícil de aceptar para algunas personas ahora, dada que la situación económica de muchos millones de personas en EEUU y en otras naciones desarrolladas se está haciendo cada vez más precaria? (Noviembre 2008)

R. Al contrario, mostrará a estas naciones que las antiguas formas codiciosas y egoístas no funcionan de forma racional. Sólo el compartir, al final, traerá la estabilidad, la justicia y la paz que todos deseamos.

P. El Fondo Monetario Internacional parece estar consiguiendo un nuevo nivel de importancia cuando cada vez más economías comienzan a sufrir del colapso económico. ¿Qué debería o sería mejor que sucediera con el FMI? ¿Está también destinado a desaparecer junto a otros organismos que ayudan a mantener el capitalismo tradicional? (Diciembre 2008)

R. Se tiene una profunda aversión y desconfianza hacia el FMI, especialmente por parte de los países en desarrollo que han sido conducidos a sus puertas por la desesperación. Una y otra vez han recibido dinero, que necesitaban mucho, a costa de su libre albedrío y del derecho a desarrollarse de acuerdo a sus tradiciones. Fueron forzados a producir alimentos, por ejemplo, a gran escala para el mercado exterior y comprar los alimentos para su pueblo del exterior. Están atrapados. Es útil para países actualmente que están sufriendo de la actual crisis económica pero con el tiempo, cuando reine el principio de compartir, será disuelto y sus puertas cerradas. Ha sido una herramienta flagrantemente utilizada solo con fines políticos.

P. Tantos países están comenzando a sufrir las consecuencias del colapso económico. Se están prometiendo enormes sumas de dinero para salvar industrias y al sector financiero que se están derrumbando, pero seguro que son las pequeñas personas las que están sufriendo más de lo habitual. ¿Qué pueden hacer los Maestros para ayudar a las personas ya azotadas por la pobreza y aquellas que están cayendo ahora en la deuda, la falta de hogar y el desempleo? (Enero/Febrero 2009)

R. No es labor de los Maestros resolver nuestros problemas. Nosotros somos responsables del caos. Interferir directamente sería un infringir de nuestro libre albedrío. Durante los 'buenos tiempos' la mayoría de personas pensó poco en los pobres y las personas sin hogar. Los Maestros dan la enseñanza que libraría al mundo de la pobreza y la guerra de un plumazo.

P. Muchas personas parecen nerviosas sobre la salud económica de sus países actualmente pero aún existen financieros que prometen una mejora justo a la vuelta de la esquina, de que esto es sólo un

'ajuste saludable'. Las personas no saben cómo obrar mejor: ahorrar, gastar, invertir o continuar de manera habitual. Por favor comente sobre esto. (Enero/Febrero 2009)

R. Como el Maestro lo indica tan claramente, esto no es un 'bache' o 'ajuste saludable' que estamos experimentando, sino el colapso del viejo e injusto orden. Es necesario, y también inevitable, el resultado lógico de nuestra codicia y egoísmo. Mi consejo, por lo que vale, es ahorrar y aprender a vivir más sencillamente. Todos tendremos que hacer esto para que otros puedan acaso vivir.

P. ¿Si todos nuestros ahorros y fondos de pensión van a desaparecer como el humo, y si nadie será capaz de comprar debido a la actual crisis económica, cómo puede el mundo continuar funcionando? (Enero/Febrero 2009)

R. La perspectiva no es tan desoladora y extrema como usted piensa. Lo esencial continuará produciéndose y vendiéndose, y Maitreya mostrará una forma mejor, más justa y equitativa de vivir. Usted puede ver ahora por qué Maitreya tuvo que esperar tanto para hablar públicamente. La humanidad, aparte del mundo en desarrollo, estuvo viviendo de forma ilusoria durante años, pensando en que un sistema económico completamente corrupto e injusto podría continuar para siempre. Ellos se olvidaron del efecto siempre creciente de las energías de Acuario.

P. Oímos mucho estos días sobre "paquetes de rescate" para reanimar las economías de naciones, así como también un incremento del gasto gubernamental en las infraestructuras de sus países para crear puestos de trabajo. También, los países ya tienen enormes montos de deuda interior y exterior, y están imprimiendo dinero todo el tiempo. ¿Todo esto no dificultará incluso más el giro hacia una economía basada en el compartir? ¿No se debería primero saldar las deudas? (Enero/Febrero 2009)

R. Estas políticas de gasto de dinero no funcionarán. Esto no es un New Deal de Roosevelt. Los tiempos son muy diferentes aunque la situación actual se asemeja a la de la década de 1930. Éste es el fin de la Era, y el orden (o desorden) no es una tormenta pasajera. Ayudará a las personas a ver el compartir como la única forma para reestructurar la economía mundial.

P. ¿Por qué Maitreya no se aparece con Su nombre real? Pienso que sería mejor. (Julio/Agosto 2010)

R. Lo siento, pero Maitreya no está de acuerdo con usted. Muchas personas desean que el mundo cambie pero son pasivas. Desean que suceda mágicamente. Ellas piensan de Maitreya como un gran avatar y por tanto creen que es Su trabajo. No lo es. Es nuestro trabajo. Hace tiempo Maitreya dijo: "Cada piedra, cada ladrillo de la nueva civilización debe ser colocada por la humanidad misma". Más recientemente, él dijo: "Yo soy el Arquitecto, solo, del Plan. Vosotros, amigos y hermanos Míos, sois los dispuestos constructores del Templo de la Verdad".

Él debe saber, y sabrá, que cuando las personas responden a Sus ideas, ellos desean los cambios en el mundo que Él aboga, no debido a Su status, no debido a que Él es el Instructor del Mundo. Si un Instructor del Mundo dice que necesitamos compartir, es más fácil creer al Instructor que ver por uno mismo que compartir es la única respuesta posible a nuestros problemas.

Cuando ves que compartir es el único camino hacia la justicia y por tanto hacia la paz, estás realizando un paso interior espiritual en conciencia despierta. No todos ven esto. ¿Por qué ves esto? Porque tienes esta conciencia despierta espiritual. Es el resultado de una conciencia despierta interior. Pero si tú simplemente lo aceptas porque has reconocido a Maitreya no significa que eres consciente de la necesidad. Él tiene que saber que suficientes personas están respondiendo desde su propia conciencia despierta espiritual.

¿Por qué millones de personas no comparten ahora? ¿Por qué las personas no ven internamente que compartir es una cosa natural en una familia de hermanos? En un hogar, la madre, el padre y los hijos comparten todo. Igualmente, nosotros estamos en un hogar llamado Tierra y somos hermanos y hermanas. Todo en la Tierra pertenece a todos y por tanto debe ser compartido. Las necesidades de todos deben satisfacerse. Pero no está sucediendo. ¿Por qué? Porque las personas no tienen esa conciencia despierta espiritual interna. Ellas no hacen que suceda, no se les pasa por la cabeza.

Tenemos libre albedrío, podemos escoger compartir o no. Si decidimos seguir el consejo de Maitreya (tanto si sabemos que es Su consejo como si no es inmaterial) salvaremos el mundo. Sin embargo, si decidimos que no deseamos compartir, si no hay suficientes personas que desean el cambio, el compartir y la justicia, entonces nos destruiremos. Es tan sencillo como eso.

Maitreya sabe que existe una 'masa crítica' de 1.800 millones de personas preparadas para adoptar Su recomendación. Cuando esos 1.800 millones de personas hagan saber que defienden y exigen que sus gobiernos cambien sus formas de trabajar y compartan los recursos del mundo, sucederá.

P. Maitreya dijo que Gran Bretaña desarrollaría un modelo para un arte de la civilización: ¿a qué se refiere Maitreya? (Mayo 2011)

R. Una civilización basada en la justicia económica y la libertad y el orden político.

P. El voto irlandés contra la Unión Europea pone en cuestión su continuada existencia. ¿Estuvo condenada la UE desde el comienzo? ¿O podría transformarse en algo más positivo, según las líneas del modelo de la Commonwealth británica? ¿Cómo ve la Jerarquía a la UE? (Julio/Agosto 2008)

R. La UE fue creada como un mercado común económico. No forma parte del Plan de la Jerarquía que los países individuales de Europa se 'pierdan' en un Estado de Europa político unificado. Eso no se debería permitir que suceda. La idea de un estado así está impulsado actualmente por las fuerzas de la comercialización y se debería oponer resistencia.

P. En muchos países partidos políticos populistas-racistas están ganando terreno como nunca antes. La inmigración es considerada por muchas personas como el problema más importante al que se enfrentan las naciones occidentales, y las fronteras, que fueron abiertas en tiempos recientes, podrían volver a cerrarse. También, cada vez más personas están convencidas de que deberíamos ser menos generosos con el mundo en desarrollo, y primero resolver nuestros propios problemas. ¿De qué modo podemos tratar a estos partidos políticos populistas-racistas? Los políticos honestos (¡existen!) están totalmente desesperados porque perciben que carecen de los medios para contrarrestar las propuestas de estos populistas de soluciones fáciles para problemas complejos. (Julio/Agosto 2011)

R. Se necesitará a Maitreya Mismo para proporcionar 'la respuesta' a este problema tan apremiante. El problema fundamental sólo puede resolverse a través del compartir.

P. ¿Es posible creer que la humanidad, en un corto período de tiempo, creará la paz universal y dejará de producir armas? ¿Podemos esperar ver este día, en breve? (Marzo 2009)

R. Existe desde luego una decisión muy grande a realizar por la humanidad cuando nos enfrentemos a ella, y existen muchas fuerzas reaccionarias en el mundo que se resisten al cambio. La guerra y la producción de armamento es un negocio muy lucrativo para algunas personas que se resistirán al cambio hasta el final. El actual colapso económico mundial (presentado como un 'bache' o 'recesión') es de hecho la señal del fin del viejo orden, y ya está causando un cambio de actitud en muchas personas, jóvenes y viejas. Cuando estas mismas personas oigan hablar a Maitreya de la necesidad de simplificar y compartir los recursos para lograr la paz a través de la justicia, ellos responderán gustosamente a Su llamada. Su enseñanza y defensa inspirará una inmensa respuesta de deseo de compartir, justicia y por tanto paz. Depende de nosotros, debemos desear suficientemente la paz para renunciar al pasado y trabajar para una humanidad única. Estoy seguro que haremos eso.

P. ¿Existe algún gobierno que comience a pensar sobre compartir? (Marzo 2007)

R. Ninguno de los gobiernos actuales están involucrados en el proceso de compartir los recursos del mundo. Es la única cosa que podría salvar al mundo y sin embargo nunca se toma en cuenta como una idea seria. Todos los demás métodos se han probado y han fracasado, y esto inevitablemente ha conducido a la privación y a la guerra.

P. Contrariamente a las pasadas tendencias destructivas del gobierno británico, recientes declaraciones parecen estar en línea con las prioridades de Maitreya, en términos de condonación de la deuda, la Comisión para África, etc. ¿Podría el Maestro proporcionar una valoración del estado de conciencia de la nación? (Pregunta de la conferencia de Benjamin Creme en Londres) (Julio/Agosto 2006))

R. La nación británica, según mi Maestro, es una de las más avanzadas.

Miembro de la audiencia: ¡Todos lo sabemos!

R. Podría saberse de una forma que no es cierta, y no saberse de una forma que es verdadera. Esa es la cuestión. Las diferencias son minúsculas, no obstante, pero existen tres naciones antiguas, que, debido a sus edades, están algo más desarrolladas que otras. Éstas son Gran Bretaña, Francia y Japón.

Miembro de la audiencia: ¿Qué hay de Alemania?

R. Alemania es una nación muy joven. Es un pueblo muy antiguo, pero como una nación unificada es joven.

Las potencias occidentales están al menos centrando su atención en África, condonando parte de la deuda y aliviando algunas de las peores condiciones de vida cotidiana de muchos africanos, aunque de ninguna manera lo suficiente, es una señal de que están comenzando a responder a las energías de Maitreya.

Estas energías han estado fluyendo al mundo durante al menos 25 años pero lleva tiempo absorberlas y luego actuar en consecuencia. Al fin, la humanidad ha absorbido suficiente, los viejos patrones se han desintegrado lo suficiente, para permitir una nueva perspectiva e iniciativa que está siendo presentada, principalmente por Gordon Brown, por el ministro de hacienda del Reino Unido.

P. ¿Qué país o países están respondiendo de forma más positiva a las nuevas energías de Acuario? (Noviembre 2006)

R. Gran Bretaña, Francia, Holanda, Suecia, Noruega, Finlandia, Nueva Zelanda, Brasil, España, México.

P. ¿Nos enfrentamos al fin del hipercapitalismo? (Noviembre 2008)

R. Sí. Según los Maestros, la mejor correlación para un gobierno exitoso, estable y justo es: socialismo 70 por ciento – capitalismo 30 por ciento. En la actualidad la correlación en EEUU es 95 por ciento capitalismo – 5 por ciento socialismo. Reino Unido 85 por ciento capitalismo – 15 por ciento socialismo. Francia y Alemania bastante parecido. Escandinavia aproximadamente 40 por ciento capitalismo – 60 por ciento socialismo. Por esta razón los países escandinavos, exceptuando Islandia, son los más estables y justos.

P. ¿Qué podemos hacer para librarnos del capitalismo? (Julio/Agosto 2010)

R. No nos libraremos del capitalismo, le daremos un lugar en nuestra sociedad. No es necesario pensar en extremos, en blanco y negro. Nadie piensa nunca en ellos trabajando juntos pero Maitreya lo pone de esta manera: pensad en un carro, si sólo tienes una rueda, sea capitalismo o socialismo, no se desplazará. Todas las estructuras económicas del futuro retendrán el equilibrio de socialismo y capitalismo. Actualmente no existe ningún país en el mundo que tenga el equilibrio correcto. El truco es tener el equilibrio correcto. Desde el punto de vista de los Maestros, el mejor equilibrio es 30 por ciento de capitalismo y 70 por ciento de socialismo.

¿Qué países son más estables? Los países escandinavos. Su equilibrio es alrededor del 60 por ciento capitalismo y 40 por ciento socialismo*. Esto aún está bastante lejos del mejor equilibrio pero produce una sociedad más estable, que no tiene ni gran riqueza o pobreza. Produce una sociedad estable con un gobierno estable.

Uno de los principales problemas desde el punto de vista económico es que uno de los países más poderosos, Norteamérica, es 95 por ciento capitalismo y 5 por ciento socialismo. En Europa es algo menos: entre el 80 y el 85 por ciento capitalista con un 20 o 15 por ciento socialista. El equilibrio perfecto de 70 por ciento socialismo y 30 por ciento capitalismo funciona para todos. Puedes ver cuán alejadas están las principales naciones, y por tanto, cuán desequilibrado está el mundo. Japón es aproximadamente 80 por ciento capitalista y 20 por ciento socialista. No es una cuestión de uno u otro, es el equilibrio correcto de ambos.

[* Esta proporción es diferente de la respuesta anterior que fue dada dos años antes (Noviembre 2008). Las proporciones cambian al igual que la situación política de una nación cambia. Es fluida.]

P. El estado de la economía mundial parece más inestable e insostenible que nunca. ¿Podría comentar sobre la crisis actual? (Septiembre 2011)

R. Esta crisis económica, mundial, es inevitable. Es un síntoma del hecho de que los viejos principios económicos, que han estado en vigor durante varios siglos ahora, ya no funcionan. El mundo ha cambiado. Los corazones y mentes de los hombres en todas partes han cambiado, más o menos. Los países que conforman el todo están en niveles muy dispares para la cohesión económica esencial, para la estabilidad. Es una señal inconfundible, predicha por Maitreya hace mucho tiempo, de que solo el compartir y la justicia mundial pueden proporcionar el camino correcto hacia el futuro.

P. Existe una crisis económica que toma varias formas en diferentes partes del mundo, y los líderes actuales parecen privados de ideas. Por un lado están imprimiendo dinero y por el otro están aprobando medidas de austeridad. Las organizaciones financieras como bancos y corporaciones continúan siendo excesivamente poderosas. ¿Qué pasos urgentes deberían tomarse ahora? (Septiembre 2011)

R. Sólo existe una forma de resolver nuestros problemas políticos y económicos, traer paz y prosperidad para todos. Sólo la aceptación de la Unicidad de la humanidad y la implementación del compartir y la justicia social nos darán la confianza que es necesaria para la paz. Sea cual sea la manipulación financiera que intentemos, nada traerá la paz que es necesaria para la supervivencia que no sea la implementación del compartir y la justicia.

P. He leído que Maitreya, su Maestro y usted mismo piensan que la comercialización es destructiva. ¿Por qué? El mundo siempre ha comerciado. (Octubre 2011)

R. Existe una diferencia entre 'comercio', por ejemplo, una transacción comercial, y el efecto de la comercialización. La transacción comercial es una forma legítima de intercambiar bienes y, como usted dice, se ha estado desarrollando durante incontables eras. La comercialización es una situación en la cual producir dinero (ganancias) entra en cada esfera posible de actividad humana. Incluso la provisión de servicios sanitarios y educación se convierte en objeto de este burdo materialismo.

Actualmente, la comercialización no conoce fronteras y no se puede refrenar. Cada servicio es considerado como una mercancía, que puede comprarse o venderse, a voluntad. Esta práctica degradante está hoy en el centro de nuestros problemas.

P. ¿Cómo serán capaces los países, que ahora sufren financieramente, de satisfacer a sus poblaciones cuando el sistema económico mundial se derrumbe? Millones de personas ya sufren hambre, ahora

cada vez más personas en el rico Occidente también están empezando a pasar apuros. (Noviembre 2011)

R. El mundo tiene que ver que esto es inevitable. Es la 'experiencia del desierto'. Nada cambiará radicalmente a menos que las personas lo vean y busquen una forma de vida alternativa: es decir, adoptar el compartir y así la justicia y la paz.

P. La defunción final de este sistema económico es dolorosamente lenta debido, por supuesto, a la constante manipulación como los rescates, la elevación del techo de la deuda y los recortes, y las políticas de desmantelamiento de los servicios públicos y la sanidad pública, etc. ¿Llegará el momento, muy pronto, en el cual los mercados finalmente tocarán fondo y esta muerte lenta finalmente llegará a su fin cuando los mercados globales y la economía se derrumben? (Noviembre 2011)

R. Sí. Puedes llamar a esto lento pero en realidad, visto de forma imparcial, es extraordinariamente rápido.

P. ¿Se necesitará una caída de la bolsa para realmente poner en movimiento los cambios relacionados con la transformación de la Organización Mundial del Comercio, el Fondo Monetario Internacional, el Banco Mundial, el Consejo de Seguridad de Naciones Unidas, etc.? (Marzo 2007)

R. Pienso que se necesitará una grave perturbación en las bolsas existentes, no necesariamente una caída total, sino una perturbación muy grave de la norma para cambiar la opinión de los principales gobiernos, los gobiernos del G-8, para realizar estas otras reformas. Nada ocurrirá al Banco Mundial, al Fondo Monetario Internacional, etc. hasta que haya una gran perturbación de las 'realidades' económicas actuales. Es la realidad lo que deseamos. Todo es fantasía y deseamos la luz del día. Eso ocurrirá cuando las presiones económicas sean lo suficientemente fuertes.

P. ¿Serán las energías de Acuario alguna vez lo suficientemente poderosas para librar al mundo de los sistemas de divisas, monetarios y económicos e intereses sobre el dinero que causan guerra e impiden la paz y el compartir del cual usted habla? (Octubre 2010)

R. Sí, tiene que ser realmente muy pronto antes de que destruyamos el mundo. Es urgente. Tenemos que crear paz. Una pequeña guerra puede convertirse en una gran guerra. Sería nuclear y destruiría toda las formas de vida. Nosotros por tanto no tenemos otra alternativa que compartir.

P. Hace un año [Enero 2010], Maitreya se presentó para comenzar Su misión. Desde entonces, Él ha aparecido en la televisión norteamericana 28 veces. EEUU está peor ahora que hace un año. También lo está el resto del mundo. ¿Está fracasando la misión de Maitreya? ¿Por qué no mejoran las cosas? ¿Por qué no hay una galvanización más notable de las masas a Su presencia y mensaje? Gracias por su respuesta y su buen trabajo. (Marzo 2011)

R. Es cierto que, económicamente, todo está peor, o empeorando. Éste es el resultado inevitable de intentar continuar con las viejas formas que ya no funcionan. Maitreya no viene para hacer que los viejos métodos sean más tolerables sino para mostrar el camino (el único camino) hacia el futuro. La humanidad tiene los medios en sus manos, si lo desea, para sobrevivir: Compartir, Justicia y Libertad para todos es la única respuesta a nuestros problemas. En lo que se refiere a Sus ideas, observa lo que ha sucedido en Egipto (la 'Primavera Árabe').

P. ¿Nos inspirará Maitreya a la acción, como en el compartir, basándose en una experiencia que Él nos dará de nuestra unidad? de lo contrario, ¿estará la humanidad motivada a compartir? (Enero/ Febrero '96)

R. La respuesta es sí y no. Maitreya no va a forzar a nadie a compartir, sino que va a hablar de la necesidad de compartir como la única forma de producir un sistema económico racional que creará justicia. Es la injusticia del sistema actual que lo está sometiendo. Está acabando porque la era que lo hizo existir ha acabado. Es una forma decadente, corrupta y cristalizada que beneficia a unos pocos y causa mucho daño a la mayoría. Por supuesto también perjudica a los pocos a quienes parece beneficiar. Es venenosa, divisiva y amenaza el mundo, así que tiene que desaparecer. Todo esto Maitreya lo dirá en voz alta. Si eso no nos resulta inspirador para compartir, entonces nada lo hará.

Maitreya también liberará Su energía – el Principio Crístico – a una gran potencia. Tal como Maitreya mismo ha dicho: "Será como si abrazara al mundo. La gente lo sentirá incluso físicamente". Si esa energía fluyendo a través de nosotros, más las palabras de Maitreya analizando la situación económica y el daño que está causando a la vida planetaria, no nos motivan a compartir, entonces nada lo hará. Si eso no motiva a la humanidad, entonces no aprenderemos a compartir y destruiremos el mundo. La decisión está en nuestras manos.

La persona que ha formulado la pregunta obviamente no tiene mucha fe en el resto de la humanidad. "De lo contrario, ¿estará la humanidad motivada a compartir?" La humanidad estará motivada a compartir por el análisis por parte de Maitreya de lo que ocurrirá si no lo hacemos, y también por la experiencia del Principio Crístico. Esa es la experiencia que Él nos dará. El Principio Crístico encarna el sentido de unidad. Es la energía magnética del amor cuya naturaleza es la unidad. El amor es, sobre todo, la energía inclusiva. Es lo que une, atrae, a los bloques constructores de la creación y los mantiene magnéticamente unidos en la unidad.

P. ¿Cómo sucederá en la práctica? ¿Los cambios se producirán nacionalmente? ¿Por ejemplo, en EEUU diremos: "Es necesario cambiar nuestras prioridades"? ¿O sucederá internacionalmente a través de la ONU u otro tipo de foro? (Julio/Agosto '93)

R. Yo diría que será una combinación de las dos posibilidades. La ONU llegará a ser la principal cámara mundial de debates. Todos los problemas mundiales serán debatidos allí y se tomarán las resoluciones que implementarán el nuevo sistema. Una agencia internacional de la ONU completamente nueva, será fundada específicamente para controlar el proceso de compartir los recursos mundiales. Pero insisto en que tenemos libre albedrío. Nada nos será impuesto. Cuando la humanidad a través de su libre albedrío decida aceptar el principio de compartir y le pida a Maitreya y a su grupo de Maestros consejos sobre la forma de organizar en forma práctica el compartir, nos encontraremos con un plan ya elaborado. Hay un grupo de iniciados elevados que junto con los Maestros, han elaborado durante muchos años una serie de planes interrelacionados, para resolver los problemas de redistribución que son ahora el centro de los problemas económicos.

La redistribución será causada por un cambio de conciencia. La humanidad se acerca a un punto en que experimentará un gran cambio en la conciencia, por el cual se reconocerá a sí misma de forma completamente nueva en relación a sus semejantes, a la naturaleza, al cosmos y también en relación a lo que generalmente designamos Dios. Maitreya dice que todo, y cada cosa particular que existe en el cosmos, está interconectado. No existe discontinuidad en ninguna parte. Lo que nos hacemos unos a otros se lo hacemos a la naturaleza. Lo que le hacemos a la naturaleza, nos lo hacemos a nosotros mismos, como a Dios, porque somos reflejos, puntos de conciencia de la conciencia total que llamamos Dios.

En todo el cosmos este proceso actúa cíclicamente. Cada pensamiento y cada acción pone en movimiento una nueva causa. Los efectos de tales causas modelan nuestras vidas. Para dar un ejemplo, si realizamos una explosión nuclear subterránea, con seguridad en otro momento y lugar causaremos un terremoto. Todo efecto procede de una causa.

Maitreya insistirá –y hemos tenido miles de años para comprenderlo– en que todo en la vida obedece a la Ley de Causa y Efecto. No podemos continuar creando condiciones equivocadas y esperar que no haya efectos. Si creamos condiciones de desequilibrio en una nación, inevitablemente habrá criminalidad. Simplemente reforzar la policía o el ejército no resolverá el problema. Hay que combatir las causas de la criminalidad que son la desigualdad y el desequilibrio. Todo el proceso evolutivo avanza hacia la unidad, la fusión y la síntesis. Las fuerzas del mercado, que están basadas en la división, la separación y la competencia, actúan contra el proceso evolutivo. Por esa razón, Maitreya las denomina "las fuerzas del mal". Tienen su función y lugar, pero muy limitados. Si se siguen en forma ciega conducen inevitablemente a la destrucción.

P. ¿Maitreya va a dar consejos abiertamente a la humanidad? (Julio/ Agosto '93)

R. Maitreya va a dar sus consejos abiertamente. Se presentará como el Instructor del Mundo para todos los grupos, tanto religiosos como no religiosos. Será considerado por todos los grupos religiosos como su propio Instructor esperado, el Cristo para los cristianos, Maitreya Buda para los budistas, el Mesías para los judíos, el Imán Mahdi para los musulmanes, y Krishna para los hindúes. Pero en realidad Él es un instructor, un educador para toda la humanidad, mostrándonos cómo convertirnos en lo que somos, seres espirituales, y para tanto, cómo crear el entorno en el cual dicha espiritualidad pueda expresarse. No puede expresarse en medio de estas divisiones y separaciones, esta competencia basada en las fuerzas del mercado.

La Voz del Pueblo

El Sendero a la Unidad

Por el Maestro —, a través de Benjamin Creme

Cuando la historia de este momento único se escriba, los hombres comprenderán, quizás por primera vez, cuán importante, cuán central, han sido los recientes acontecimientos en Oriente Medio. En unos sorprendentes seis meses, siguiendo el ejemplo de los pueblos de Túnez y Egipto, los habitantes de muchos de los países de Oriente Medio, sometidos, y recluidos en centenarios regímenes tribales dictatoriales, se han levantado y exigido su derecho a la libertad y la democracia, la justicia social y el trabajo. Lo que los medios de comunicación denominan 'la Primavera Árabe' está costando muchas vidas y mucho sufrimiento para estas valientes personas que dispuestamente mueren por la libertad de sus hermanos e hijos. Se les denomina, y lo son realmente, mártires.

De ahora en adelante, este mismo fenómeno se manifestará por todo el mundo. Ya, muchos pueblos se están organizando de igual forma. Un anteproyecto para el cambio ha captado la imaginación de muchos millones y pronto centrará la atención del mundo. Los hombres han comprendido que, cuando están organizados y son valientes, son invencibles. Nada puede detener este movimiento para el cambio. Encarna los conceptos del futuro y del Plan. Maitreya le ha dado voz, que es ahora la voz de los pueblos del mundo.

El viejo orden busca de todas las maneras detener el progreso de este movimiento para el cambio, pero no puede resistirse para siempre a los principios de la vida: siempre cambiante, siempre rehaciendo su forma para expresar mejor la naturaleza de esa vida. Así es ahora, y así lo viejo se marchitará y los nuevos brotes florecerán, mientras los hombres buscan expresar y manifestar mejor los principios del Nuevo Tiempo: compartir, justicia, correctas relaciones, amor y unidad.

El hombre, verdaderamente, está en su camino. Nada puede detener su progreso hacia delante si él piensa en términos de Unidad. Todos los hombres buscan Unidad pero están confundidos por los diferentes senderos. Mantened siempre ante vosotros los principios de la Unidad y el Amor, y el camino se revela.

Así habló Maitreya en el Cairo, en la Plaza Tahrir. Los mejores de aquellos que le escucharon liderarán a sus hermanos y hermanas y les mostrarán el camino, el sencillo camino hacia la Fraternidad y la Paz, la Justicia y el Amor manifiesto.

(*Share International*, Julio/Agosto 2011)

La Juventud al Timón

Por el Maestro —, a través de Benjamin Creme

Este año, 2012, es uno de gran importancia. Es esencial que el ímpetu del Amanecer Árabe, y sus repercusiones en todo el mundo, no se pierda. La Voz del Pueblo, tan vigorosa y segura ahora, debe continuar resonando en todo el mundo, afirmando el Compartir y la Justicia como el único camino para engendrar confianza y un mundo más seguro para todos. El remedio para los males de los hombres es tan simple, tan fácil de conseguir, y no obstante tan difícil de comprender para muchos. Los hombres deben entender que todo otro método ha sido probado y ha fracasado, acabando inevitablemente en guerra.

Hoy, que todos tengan por seguro, otra gran guerra sería nuclear, y destruiría, totalmente, toda vida en la Tierra. Hoy, también, existen fuerzas que ya están planificando cómo mejor sobrevivir a tal aniquilación, todo en vano. ¿Qué podría, y debería, hacer la humanidad?

Hablando en términos generales, los gobiernos actuales son organizaciones de hombres ancianos que no conocen ninguna otra forma de trabajar y gobernar que las formas de su juventud, las formas del pasado. Ellos poseen poco sentido de la razón de que sus métodos ya no funcionen. Ellos no conocen nada de las nuevas energías e impulsos que inundan el mundo actualmente, y están desconcertados y defraudados por su incapacidad de controlar los acontecimientos.

En gran medida, actualmente, la Voz del Pueblo es la voz de la juventud. Los gobiernos, y los medios de comunicación bajo su control, en gran medida ignoran y vilipendian las voces y aspiraciones de la juventud; no obstante son los jóvenes los que tienen las respuestas, los que comprenden que la humanidad es Una, que piden equidad, justicia y compartir, y el fin de la guerra. La voz de tales jóvenes nunca puede silenciarse, y no será ignorada por mucho tiempo. La Voz del Pueblo, joven y anciana, ahogará los gimoteos de los hombres de dinero y conducirá a la humanidad hacia el Nuevo Amanecer. Así será.

(*Share International*, Abril 2012)

El Despertar del Pueblo

P. ¿Cómo pueden las personas obtener más diversidad en la representación política? (Marzo 2007)

R. Las personas tienen que hacer saber sus exigencias y actuar. Tenéis que actuar. Maitreya dice: "Nada ocurre por sí mismo. El hombre debe actuar y realizar su voluntad". Si deseamos el proceso de compartir, debemos forzar a los gobiernos para que lo acepten. Los gobiernos están allí para servir al pueblo y seguirán sirviéndole de la forma que lo hacen. Pero si deseáis cambio, si deseáis más representación, entonces tenéis que forzarlo en los gobiernos. Estoy seguro de que las personas desean más representación, que significa quitar algo del poder de las pocas manos que la mayoría de los casos dirigen los gobiernos del mundo. Ellos no renunciarán a su poder voluntariamente. Pero cuando el pueblo lo exija, cuando cada día haya una manifestación, miles, cientos de miles de personas que llenan las plazas y las calles de las ciudades y se nieguen a irse, entonces podrán forzar la mano de cualquier gobierno. Ya lo hemos visto.

P. ¿Una constitución garantiza los derechos de las personas? (Marzo 2007)

R. Depende del sistema. En Gran Bretaña no tenemos una constitución, pero tenemos un sistema relativamente justo de gobierno.

En Norteamérica las personas hablan mucho sobre la constitución y los derechos de las personas pero en la práctica los derechos de las personas plasmados en la constitución son infringidos por la actual administración. Toda autocracia en el mundo se comporta de la misma manera independientemente de lo que diga la constitución.

P. ¿Fueron los monjes budistas que protestaron contra el gobierno de Birmania inspirados por Maitreya? (Marzo 2008)

R. No, ellos no están inspirados por Maitreya, no directamente, pero están inspirados por la energía que Maitreya envía al mundo. Esto crea el deseo en las personas de todas partes de libertad, de justicia, de, en otras palabras, correctas relaciones. Si no hay libertad ni justicia no puede haber paz o correctas relaciones.

Puedes ver esto en todo el mundo. Las personas de todas partes están exigiendo sus derechos: libertad, justicia y el compartir de los recursos del mundo. Todo esto viene de su respuesta a la energía y, hasta cierto punto, a los pensamientos e ideas de Maitreya desde un nivel sutil.

Veréis, cuando Maitreya hable por televisión y radio, cuántas miles o millones de personas dirán: "Eso es lo que queremos. Queremos hacer esto. Queremos correctas relaciones. Queremos el fin de la guerra y el terrorismo y el hambre", etcétera.

La humanidad, por tanto, está estimulada e impulsada para exigir estas cosas. De esta forma la voluntad educada y enfocada de la humanidad crea una opinión pública mundial contra la guerra, contra el terrorismo, y pide justicia y compartir. Así Maitreya no impone, sino la humanidad, estimulada por Maitreya, realiza el trabajo.

Millones de personas ya se manifiestan en todo el mundo, no todos los días ni semanas, pero esta acción crecerá cada vez más hasta que los gobiernos del mundo se enfrente a miles y a veces millones de personas exigiendo sus derechos, exigiendo trabajo o paz o compartir y justicia, hasta que los gobiernos tengan que ceder.

Maitreya está estimulando esto todo el tiempo. Él va a cada gran manifestación. En cada gran manifestación Maitreya está allí durante parte del tiempo.

P. Para algunos críticos, las manifestaciones, las protestas, las marchas son actos anárquicos que socavan los verdaderos mecanismos de la democracia. Vuestro punto de vista, por favor. (Julio/Agosto 2008)

R. Es cierto que los crecientes precios de los alimentos y el petróleo y la escasez local de alimentos básicos son de momento la principal causa, en vez de causas internacionales más abstractas como la Justicia y la Paz, pero es un paso en la dirección requerida.

P. Hace veinte años hubo una enorme oleada de poder del pueblo y el derrocamiento del orden político, el fin de la Guerra Fría, un cambio definitivo en el clima político mundial. De repente la libertad y nuevas posibilidades llenaron el aire. (1) ¿Qué causó estos cambios asombrosos? (2) ¿Piensa que han conducido a un mundo mejor? (3) Cuando se colapsó el comunismo dejó un vacío para la comercializa-

**ción y sus problemas subyacentes, como la criminalidad generaliza-
da. ¿Ha mejorado la vida en la ex Unión Soviética? (Diciembre 2009)**

R. (1) El fin de la Guerra Fría fue predicho por Maitreya y fue puesto
en marcha por Él cuando sugirió a Gorbachov que fuera a Norteamérica
y hablara de paz con Ronald Reagan. También incluyó el consejo de
Maitreya a Gorbachov que abriera la Unión Soviética a la *perestroika*
(reforma estructural) y el *glasnost* (liberación). El consejo de Maitreya
fue llevado a cabo por Gorbachov pero desafortunadamente en el proceso él perdió su puesto. (2) Sí. (3) En conjunto, sí.

**P. En años recientes, Centroamérica y Sudamérica han sido testi-
gos del aumento de los movimientos del pueblo que han desafiado y
cambiado de hecho el status quo. Estos movimientos han puesto en el
poder a Hugo Chávez en Venezuela, Evo Morales en Bolivia y Rafael
Carrera en Ecuador, entre otros. ¿Son estos algunos de los cambios
positivos que han tenido lugar debido a las nuevas energías, incluyendo aquellas liberadas por Maitreya, en el mundo? (Marzo 2007)**

R. Sí. También representan la expresión del despertar de la humanidad,
a nivel de base popular, a la necesidad para la transformación de la economía mundial.

**P. ¿Teme la administración de EEUU al poder del pueblo, tanto den-
tro de EEUU y en Latinoamérica?**

R. Sí, pero al administración de EEUU no está sola en su temor al poder
del pueblo. Cada vez más, todos los gobiernos se hacen conscientes de
esta amenaza añadida a su dominio. Intentarán frenarla de todas las formas que se atrevan, pero no pueden evitar que el mayor poder en la tierra
se eleve y cumpla su destino.

**P. ¿Cuál es la relación entre los recientes acontecimientos en Oriente
Medio y la aparición y apoyo de Maitreya y la Jerarquía de Maestros? (Abril 2011)**

R. El pueblo de Oriente Medio, y del mundo en general, está empezando
a encontrar su voz. Esto no es sólo en respuesta a las ideas de Maitreya
sino que fue predicho por Él.

**P. Maitreya dice que "el poder vendrá del pueblo". (1) ¿Es el "poder
del pueblo" lo que estamos presenciando en Egipto, el tipo de poder**

del que habla Maitreya? (2) ¿El movimiento que ahora empieza se extenderá por todo el mundo con más fuerza, al acercarnos (como dice su Maestro) al Día de la Declaración? (Abril 2011)

R. (1) Sí. (2) Sí.

P. Las noticias actuales de la Primavera Árabe son maravillosas pero cuán triste si los países vuelven atrás hacia las antiguas formas de desigualdad para las mujeres. Ya se habla de la Ley Sharia en las noticias y tristemente las mujeres parecen estar en un sitio bajo en la lista de prioridades. ¿Es esto algo que sólo Maitreya puede solucionar? (Diciembre 2011)

R. Sería realmente triste si grupos árabes atienden la actual promesa de libertad y democracia sin extenderlo a todas las mujeres árabes. Personalmente no espero que ese sea el caso, por ejemplo en Egipto o Túnez o Libia.

Muchas mujeres árabes 'liberadas' no se oponen mucho a la Ley Sharia, considerándola racional y útil en muchos casos e incluso están preparadas para limitar sus propias libertades si es necesario. Uno tiene que recordar que la libertad de las mujeres en muchos países árabes ha sido inexistente durante mucho tiempo y que el cambio lleva tiempo.

Si creemos en la democracia tenemos también que creer que los musulmanes tienen el derecho a realizar su propia elección de leyes. No tengo dudas de que algunos de los aspectos más severos de la Ley Sharia, especialmente como se utiliza en sitios como Afganistán, necesitará la amplitud de visión de Maitreya para moderarla.

P. Una reciente manifestación y protesta de los cristianos coptos en el Cairo, Egipto, fue brutalmente reprimida por el ejército en el poder. Los pasos hacia la democracia parecen ser lentos y con la resistencia del gobierno. ¿La verdadera democracia realmente llegará a implementarse en Egipto? (Noviembre 2011)

R. Sí, desde luego, pero llevará más tiempo. Las fuerzas contra la democracia –el ejército en el poder y los intereses financieros de derechas– aún son muy poderosos. El derrocamiento de Mubarak fue en sí mismo un milagro que ha reverberado por todo Oriente Medio y ha inspirado la voz del pueblo en todo el mundo, incluyendo a EEUU.

P. Los pueblos de Egipto y Japón han dado al mundo (a través de los extraordinarios acontecimientos recientes) una lección de disciplina, ecuanimidad y apoyo colectivo. ¿Qué factores les hace tan ejemplares? ¿Es su historia, por ejemplo? (Mayo 2011)

R. Sí, principalmente. También, en Egipto, Maitreya pasó tres semanas en El Cairo, gran parte del tiempo con los manifestantes en la Plaza Tahrir. En Japón, Maitreya y otros Maestros invirtieron mucho tiempo durante la catástrofe (terremotos, tsunamis y el desastre de las centrales nucleares) salvando y consolando a las personas.

P. He leído algunas de sus críticas hacia el mundo desarrollado en referencia al hambre mundial. Además de escribir a mi congresista, que por experiencia prácticamente no da ningún resultado, ¿qué más puedo hacer, yo, tan sólo un hombre? (Enero/Febrero 2006)

R. Sigue escribiendo y protestando y manifestando que eres un hombre de sentimiento y corazón. Eres un solo hombre pero existen millones de personas como tú en el mundo.

P. (1) ¿Cree que alguna vez presenciaremos el poder del pueblo en EEUU de igual forma que está teniendo lugar ahora en Oriente Medio y el Norte de África? (2) Si es así, ¿de qué tienen que protestar los norteamericanos? (Mayo 2011)

R. (1) Sí, desde luego. El mundo espera la manifestación del alma norteamericana, que, creo, sucederá después del Día de la Declaración. Sin embargo, fue el poder del pueblo lo que forzó a EEUU a retirar sus tropas de Vietnam y fue el poder del pueblo el que puso fin al 'apartheid' en EEUU. (2) EEUU es enorme y tiene una población de unos 300 millones de personas con diversos puntos de vista políticos y económicos, proporcionando abundantes razones para que algunos grupos se manifiesten a favor y en contra.

P. ¿Cree que el nuevo movimiento populista en EEUU, que comenzó como 'Ocupa Wall Street' y que ahora se extendió a otras ciudades, es un movimiento viable? (Noviembre 2011)

R. Sí. Es el comienzo de la transformación de EEUU.

P. ¿Es el movimiento 'Ocupa', que está surgiendo en todo EEUU en respuesta a la manifestación de Ocupa Wall Street, el tipo de expre-

sión del poder del pueblo que Maitreya está buscando para galvanizar y extenderlo por el mundo? (Noviembre 2011)

R. Es parte del mismo. Al menos al comienzo diferentes grupos en diferentes países utilizarán métodos diferentes de llevarlo a cabo.

P. El movimiento Ocupa en Estados Unidos ha sido criticado por algunas personas por no tener un conjunto específico de exigencias, que presionaría al gobierno de EEUU a realizar cambios específicos. Otros dicen que el movimiento Ocupa no es un movimiento político, y que están intentando crear algo nuevo, y tiene una base más amplia para cambiar fundamentalmente la sociedad. ¿Cuál es su opinión sobre esto? (Diciembre 2011)

R. Estoy de acuerdo con esta segunda idea. No habría fin a las exigencias, y por tanto ninguna acción, si esa fuese la única intención.

P. A mi entender el movimiento Ocupa (que yo apoyo al 100% como parte del 99%) en Londres ha creado una distracción al acampar fuera de la Catedral de St Paul. Desde luego el tema es la injusticia social y económica, la corrupción, las ganancias puestas por delante de las personas, y no la ubicación del campo de los manifestantes. Sin embargo, estando fuera de la Catedral de St Paul, Londres, está haciendo pensar al clérigo sobre su postura en relación al dinero y el comercio e inversión éticos. Jesús expulsó a los prestamistas y comerciantes del templo: ¿cuál es su opinión sobre la situación? (Diciembre 2011)

R. Esta ubicación del campamento del movimiento Ocupa podría no ser del todo apropiado pero ha resultado en una inusual demostración de unidad con los ocupantes por parte de las autoridades eclesiásticas, y todo aquello que acerque a la Iglesia a apoyar al pueblo es bienvenido.

P. ¿Qué yace detrás del estallido de violencia en muchos lugares del Reino Unido a principios de agosto del 2011? (Septiembre 2011)

R. Injusticia Social. Las siempre crecientes brechas entre los más ricos y los más pobres. Mala vivienda, desempleo, perversos recortes en servicios sociales y públicos.

El desencadenante de toda esta agitación social, que permanece lista para estallar en cualquier momento, fue la muerte, a manos de la policía, de un joven que iba aparentemente armado. La policía luego admitió que su arma no había sido disparada, habiendo afirmado al principio que él les había disparado primero. Las personas han perdido la confianza en la policía, han perdido la confianza en el Parlamento y sienten que no tienen nada que perder. Ellas tomaron, a mi entender, el paso equivocado de quemar y saquear sus propias comunidades y a otras personas.

P. ¿Se trata sólo de un caso de criminalidad oportunista? (Septiembre 2011)

R. Hubo un elemento de eso, en la excitación generalizada de destrucción.

P. ¿Cuáles son las soluciones a tales situaciones? (Septiembre 2011)

R. Como siempre, compartir y justicia.

P. Es evidente que Maitreya y los Maestros fomentan el poder del pueblo, lo veo leyendo *Share International*. ¿Pero Ellos consienten la violencia y destrucción gratuitas como hemos presenciado recientemente en Inglaterra? (Octubre 2011)

R. "La violencia y destrucción gratuitas" no son una demostración del poder del pueblo sino del poder destructivo. La Jerarquía nunca alentaría ni consentiría la violencia o la destrucción.

P. Usted habla del poder del pueblo, y han habido multitud de manifestaciones de paz. ¿Están teniendo impacto realmente? Parecería que las personas no asisten a ellas, ¿así que realmente marcan una diferencia? (Mayo 2007)

R. Hubo una manifestación hace poco en Londres, y los organizadores afirmaron que asistieron unas 100.000 personas. La policía al final admitió que unas 10.000 personas participaron. Mi Maestro comentó que los organizadores no estuvieron lejos de la verdad, asistieron entre 90.000 y 100.000 personas. La policía siempre miente sobre la cifra de participantes en una manifestación, es una simple manipulación de la policía por razones gubernamentales, para pretender que el pueblo está bajo control. Es para disuadir a las personas a que participen porque dirán: "¿Qué utilidad tiene?" Sin embargo, sólo puedes ver parte de la manifestación en un momento dado, la parte en la que te encuentras. No tienes idea de la amplitud. Es normal que los organizadores pongan la mejor de las cifras y podría ser una exageración, pero esta vez no parecen haber exagerado para nada. Es importante mantener un creciente número de manifestaciones, no de vez en cuando sino continuamente, y estas manifestaciones sostenidas tendrán un efecto gradual en el pensamiento del gobierno.

Es difícil para nosotros estimar el valor de tales manifestaciones pero los Maestros no tienen duda de que son unas muy poderosas palancas para el cambio. Debemos organizarlas con cada vez más frecuencia y con cifras cada vez mayores. El 'poder del pueblo' transformará el mundo.

P. Tengo 23 años y soy de Egipto. ¡Le vengo siguiendo desde hace varios años y ya no puedo esperar a que ocurra el cambio! Veo los cambios en forma de revoluciones. (1) Pero me pregunto cuándo viene el cambio en forma de milagro. A cada sitio espiritual que voy, todos los que canalizan indican que está cerca, mucho está cambiando, pero mi pregunta es, cuándo los creyentes (o alguien como yo), notarán que está al comienzo, toda persona normal y corriente debería notar que esto no es normal. (2) Dado que soy musulmán, estoy interesado si Mahoma (la paz esté con él) está al igual que el Maestro Jesús en la tierra ahora como un Maestro que nos va a ayudar? (Noviembre 2011)

R. (1) Buscas señales de que las cosas están sucediendo ahora. ¿No ves lo que está sucediendo en todo Oriente Medio y más allá? ¿No recuerdas, en Egipto, el Cairo, la Plaza Tahrir, hace sólo unos pocos meses, algo que está empezando a suceder cada vez más en todo el mundo? Maitreya Mismo pasó muchas horas en esa plaza a los largo de tres semanas inspirando y salvaguardando a las personas de todas las religiones, enseñándoles a proteger y cuidarse unos a otros como una inspiración para el mundo. Son las personas en todas partes, elevando sus voces, las que cambiarán, y están cambiando el mundo, incluso ahora. (2) El Maestro que fue Mahoma no está en encarnación, sino que trabaja a través de Su discípulo para reformar el Islam. Mahoma recibió Su inspiración y enseñanza de Jesús. Ellos son hermanos.

P. Ciertos países tienen la determinación de acabar con la inmigración y para ello construyen muros para evitar que los inmigrantes entren, o detienen y deportan a personas ya instaladas. Sólo hace poco más de 20 años que el Muro de Berlín cayó gracias al poder del pueblo. ¿Qué puede hacerse para impedir que los gobiernos cons-

truyan muros de separación y/o deporten personas en masa? (Octubre 2010)

R. Por el mismo método: ¡el poder del pueblo!

P. ¿Si las personas tienen ideales pero no actúan sobre ellos, qué podría hacerse para librarnos de la complacencia de la que parece estar sufriendo la humanidad? (Octubre 2010)

R. Desde luego. La complacencia es la enfermedad. El dinero es una energía, no es bueno ni malo. Puede utilizarse para el bien o para dañar. Las personas creen que el dinero es la raíz de todo mal, pero la complacencia, que surge de un sentido de separación, es el pecado *real*.

Las personas saben lo que sucede en el mundo. Ellas saben que personas están muriéndose de hambre. Las personas en grandes naciones ricas como Norteamérica y Europa saben que personas están muriéndose. Solíamos verlas morir en nuestra pantalla de televisor pero eso ya no se muestra porque lo apagaríamos y así nos perderíamos los anuncios. A pesar de ello, personas están muriéndose de hambre todo el tiempo. Cinco millones de niños mueren cada año de enfermedades relacionadas con la desnutrición. Esto no debería estar sucediendo. Tenemos la respuesta a todas estas enfermedades. Existe un excedente de alimentos en el mundo del 12 por ciento per cápita. Sencillamente no se distribuye. La respuesta al problema económico es la redistribución de los recursos del mundo. Esto crearía justicia universal y, por tanto, paz. Es el único camino hacia la paz.

P. (1) ¿Cree que el poder del pueblo prevalecerá en Libia y Siria? (2) ¿Cuál sería la solución más práctica en cada país? (Junio 2011)

R. (1) Sí, con el tiempo. (2) Los problemas y estado de preparación en cada país son diferentes. Con el tiempo, en todo el mundo, el poder del pueblo, inspirado por Maitreya y bajo la pancarta de la libertad, el compartir y la justicia, prevalecerá.

P. ¿Debería juzgarse a los dictadores y déspotas? (Junio 2011)

R. Personalmente, no lo creo. No resuelve nada y simplemente prolonga el ansia de venganza.

P. ¿Quizás en un espíritu de indulgencia, debería ofrecerse a las viejas figuras autocráticas asilo y amnistía? (Junio 2011)

R. Sí, estoy de acuerdo.

P. (1) ¿Deberían el Coronel Gadaffi y sus hijos ser acusados de 'crímenes contra la humanidad' o se les debe dar asilo en algún sitio? (2) ¿Si es asilo, qué mensaje se está enviando a otros dictadores? (Octubre 2011)

R. (1) Yo votaría por el asilo. Si Gaddafi y sus hijos fuesen acusados en un tribunal internacional, ellos (o sus seguidores) se convertirían en mártires. Es mejor que la memoria de sus fechorías y políticas de terror no puedan glorificarse sino que rápidamente sean sustituidas, olvidadas y perdonadas. No debe olvidarse que aún existen grupos neonazis en Alemania y otros sitios.

(2) No creo que el asilo fomente la existencia de dictadores. La destitución del poder es para ellos suficiente pérdida. La idea del asilo podría incluso animarles a marcharse.

P. ¿Debería el poder del pueblo intentar derribar la estructura económica de su propio país? (Noviembre 2011)

R. El poder del pueblo no es sobre 'derribar' la estructura económica de ningún país específico. Tiene que ver con la obtención de libertad, justicia y paz para el pueblo de ese país. El objetivo final siempre debe tenerse en mente, que es el establecimiento de libertad, justicia y paz en todo el mundo. Debería ser obvio que debe tener lugar una reorganización radical de las estructuras económicas del mundo para lograr esto. El compartir, descubriréis, es el mecanismo primordial para este logro.

P. ¿Tienen los activistas más dedicados trabajando para cambiar los actuales sistemas económicos, políticos y sociales, y aquellos que trabajan para salvar el medio ambiente, realmente alguna respuesta práctica y factible? (Noviembre 2011)

R. Sí, desde luego. El compartir y la justicia, que transformarán la vida para todos y que garantizarán el fin de la guerra, es el objetivo de todos, tanto si lo exponen como si no.

P. ¿Actualmente cuál es el trabajo más importante que el Instructor del Mundo está llevando a cabo? (Diciembre 2011)

R. Desde nuestro punto de vista, el despertar de la naturaleza espiritual de la humanidad para que se manifieste y así cambiar el mundo para mejor.

Salvar el Planeta

Salvar el Planeta

Por el Maestro —, a través de Benjamin Creme

Cuando la humanidad comprenda cuán grave es el desequilibrio ecológico de su hogar planetario, deberán realizar los pasos tan urgentemente necesarios para remediar la situación. Si los hombres no respondieran con la suficiente resolución serían culpables de sumir el planeta a una lenta pero inevitable destrucción. ¿Cuál sería, entonces, el legado transmitido a sus hijos? Para que esta autodestrucción no prevalezca, todos deben actuar juntos, y realizar los sacrificios necesarios. Esto supondrá un cambio completo de actitud sobre la integridad del planeta y de lo que actualmente se consideran las necesidades de los hombres.

No será fácil para algunos aprobar los cambios necesarios pero solo con tal cambio puede asegurarse la vida del planeta. Ya se han ocasionado profundas mermas de las reservas esenciales de árboles de la Tierra. La deforestación ha causado una creciente pérdida de oxígeno y el aumento de gases de carbono. Esto ahora se encuentra en un punto crítico y exige una acción inmediata.

La realidad del calentamiento global está ahora aflorando en las mentes de millones de personas, y no obstante, a pesar de las abrumadoras pruebas algunos aún niegan que las acciones de los hombres sean la causa.

Nosotros, vuestros Hermanos Mayores, podemos decir con total convicción que las acciones de los hombres son responsables del ochenta por ciento del calentamiento global.

Maitreya, descubriréis, no tardará en llamar la atención del hombre sobre este urgente problema. Él confrontará a los hombres con las alternativas: los resultados beneficiosos de la acción presente, por un lado, y la destrucción que resultará de no hacer nada, o demasiado poco, por el otro. Así, la decisión es sólo del hombre.

Cuando los hombres comprendan esto se unirán seguro por la causa. Ellos verán que el futuro de sus hijos depende de la acción presente, y averiguarán de Maitreya y Su grupo los pasos necesarios que tomar.

Maitreya abogará por una forma de vida más sencilla, una que se amolde con la realidad de la situación del planeta. Cuando suficientes personas estén convencidas de que esto es necesario habrá un creciente movimiento para simplificar en todo el planeta. Esto sucederá con una velocidad bastante inusual, tan inspiradas estarán millones de personas por la necesidad de cambio. Así se contrarrestarán los peligros más graves a que se enfrenta el planeta Tierra. Esto alentará a muchos y estimulará su disposición a más cambios.

Confrontados con el dilema del cambio necesario los hombres llegarán a comprender la inevitabilidad de aceptar el principio de compartir. Sólo el compartir hará prácticos y posibles estos cambios. Sólo a través del compartir puede utilizarse con éxito la abundancia del Planeta Tierra. Sólo a través del compartir puede esta abundancia conservarse correctamente. Sólo así puede el Planeta mismo vivir en armonía con su entorno y sus habitantes.

(*Share International*, Abril 2011)

La Responsabilidad del Hombre

Por el Maestro —, a través de Benjamin Creme

Desde los tiempos más remotos, la humanidad ha temido las perturbaciones naturales de nuestro hogar planetario. Cataclismos de ferocidad inimaginable han destruido enormes áreas de la superficie de la Tierra una y otra vez. Este hecho es difícil de aceptar para muchos y suscita, siempre, graves dudas en las mentes de muchas personas religiosas sobre la veracidad del amor de Dios por la humanidad. ¿Cómo podemos creer en un Dios amoroso que permite que mueran miles de personas en terremotos, tsunamis y demás? Si la humanidad comprendiera su propia involucración en tal destrucción planetaria, podrían desempeñar un papel significativo en evitar tales sucesos.

La corteza de la Tierra, como ha evolucionado a lo largo de las eras, no es indivisa ni está homogéneamente extendida alrededor del mundo. Como es bien sabido, toma la forma de diversas placas a distintas profundidades, que se superponen y están en un relativo movimiento constante. Los países y ciudades que yacen o están cerca de los bordes de las placas, o fallas geológicas, están por consiguiente sujetos a terremotos y, si están cerca de regiones oceánicas, a tsunamis. No es una cuestión de que el amor de Dios falla a la humanidad sino de presión sísmica que debe liberarse. ¿Qué, podríamos preguntarnos, hace que la presión sísmica crezca hasta tal punto destructivo?

Los Devas elementales (o fuerzas Angélicas) supervisan el mecanismo por el cual estas energías colosales actúan o son modificadas. La Tierra es un Ente vivo y responde al impacto de estas fuerzas de diversas formas. Una gran fuente de impacto proviene directamente de la humanidad. Al crear la humanidad, en su forma competitiva habitual, tensión a través de guerras, y crisis políticas y económicas, es decir, cuando estamos desequilibrados, también las vidas dévicas se desequilibran. El resultado inevitable son terremotos, erupciones volcánicas y tsunamis. Nosotros somos responsables.

¿Cómo entonces poner fin a este ciclo de destrucción? La humanidad tiene los medios pero hasta ahora carece de la voluntad para cambiar. Debemos vernos a nosotros mismos como Uno, cada hombre y mujer un reflejo de lo Divino, hermanos y hermanas, hijos e hijas del Padre Uno. Debemos desterrar la guerra para siempre de esta Tierra; debemos compartir los recursos de este planeta que pertenecen a todos. Debemos aprender a vivir en armonía con el planeta mismo para conocer un futuro de armonía entre nosotros.

Maitreya ha venido a mostrar a los hombres el camino, y para galvanizar las acciones del hombre. En todo el globo, los hombres están encontrando su voz y pidiendo justicia y libertad. Muchos han muerto para reclamar su derecho, otorgado por Dios, de libertad y justicia. Su llamada es para todos los hombres y mujeres de todas partes para verse a sí mismos como Él les ve, como Divinos, Hijos e Hijas de la Divinidad Misma.

(*Share International*, Abril 2011)

Calentamiento Global, Desastres Naturales y Karma

P. "Hoy, 56 periódicos en 45 países han decidido dar el paso sin precedentes de hablar con una sola voz a través de un editorial común. Lo hacemos porque la humanidad se enfrenta a una grave emergencia." Éste fue el paso sin precedentes realizado por editores de periódicos de todo el mundo en la víspera de la Cumbre sobre el Clima de Copenhague en diciembre de 2009. ¿Fue este esfuerzo conjunto inspirado por la Jerarquía Espiritual? Si es así, ¿Qué Maestro lo hizo? ¿Deberíamos esperar más sucesos históricos tales en los meses venideros? (Enero/Febrero 2010)

R. Sí, Maitreya. Este tipo de acción de grupos de personas en secciones diversas de la sociedad aumentará y tomará forma en los meses y años venideros. Los medios de comunicación son realmente la boca del pueblo reflejando el anhelo de las personas por la acción para salvar el planeta, y este tipo de acción continuará de una forma u otra hasta que esa iniciativa ya no sea necesaria.

P. Después del fracaso de los líderes de alcanzar un acuerdo de gran alcance en la conferencia sobre el clima de la ONU en Copenhague en diciembre de 2009, han surgido alegaciones en relación a las razones del fracaso.

¿Se debió a (1) China, y hasta cierto grado a la India, con economías que aún están creciendo, protegiendo sus propios intereses económicos; (2) los intereses industriales y empresariales, representados principalmente por la cámara de comercio de EEUU, impidiendo cualquier medida que pudiera interferir con su libertad para contaminar a voluntad; (3) el primer ministro danés, desesperado por un resultado así, negoció un acuerdo débil y parcial entre unos pocos países seleccionados? (Enero/Febrero 2010)

R. (1) Sí. (2) Sí. (3) No.

P. (1) ¿Piensa personalmente que la reciente explosión en la plataforma petrolífera en el Golfo de México y la catástrofe medioambiental resultante es la lápida, por así decirlo, de la petición de realizar más perforaciones mar adentro en Norteamérica? (2) ¿Podría preguntar cuántos cientos de miles o millones de litros de petróleo se han ver-

tido en el océano de la tubería rota al sur de la costa de EEUU en el momento de responder a esta pregunta? (Julio/Agosto 2010)

R. (1) No, siento decirlo. No lo creo dada la constante codicia de más petróleo de las empresas petroleras norteamericanas (para las cuales es oro líquido) y de una gran parte del público norteamericano que ha sido condicionado a temer su desaparición. (2) Varios millones. Este accidente ha sido denominado como la 'mayor catástrofe que haya ocurrido jamás en EEUU'. Personalmente no comparto esta opinión. Varios parecidos han tenido lugar incluso en años recientes en EEUU, Europa y otros sitios. La naturaleza tiene una forma maravillosa de absorber y sobreponerse a estos accidentes y normalmente en el plazo de unos pocos años, la vida de la zona afectada vuelve a la normalidad.

P. ¿Fue la explosión que hundió la plataforma petrolera en abril de 2010, que ha causado un daño medioambiental colosal en la costa este de EEUU, el resultado del karma, y si es así, podría preguntar la razón? (Julio/Agosto 2010)

R. No, fue un accidente. En realidad, no ha causado un "daño medioambiental colosal" sino un 'potencial' daño medioambiental. Visto desde Europa, el presidente Obama (y él normalmente tendría mi voto) está exagerando su intento de responsabilizar a BP de cada dólar de pérdidas. BP ya ha aceptado la responsabilidad y disponibilidad de satisfacer genuinamente demandas razonables. Me pregunto si el público norteamericano sabe que BP es mitad propiedad de inversores norteamericanos.

P. Sé que usted ha dicho que ciertas especies de los animales más 'primitivos' están destinados a extinguirse. ¿Forma también parte del 'Plan' que tantas especies de aves, animales y fauna acuática se extinga? Los expertos están advirtiendo de que muchos están en peligro de extinción debido al efecto destructivo de la actividad humana en el medio ambiente. (Mayo 2006)

R. No. Es cierto que el cambio medioambiental causado por la actividad humana está teniendo un efecto muy destructivo sobre muchas especies de animales, aves y peces. Sin embargo, la extinción lenta planificada de ciertos animales y peces muy antiguos y primitivos tiene un propósito evolutivo y tiene lugar según la ley. Es el resultado del aspecto destructivo focalizado del 1er rayo.

P. Como lo sabe la prensa, recientemente han muerto miles de pájaros y peces. Pocas personas aceptarían las explicaciones convencionales que se dieron. Una de las explicaciones menos convencionales es que los polos magnéticos podrían estar invirtiéndose rápidamente, permitiendo la invasión en las capas bajas de la atmósfera de nubes de cianuro de hidrógeno que matarían instantáneamente a los pájaros. Aunque esto no explica la muerte de los peces. Otra explicación son los experimentos atmosféricos del Proyecto HAARP. Es obvio que algo que afecta a toda vida está teniendo lugar.

Mi pregunta a *Share International* es ésta: ¿desde el punto de vista de la jerarquía espiritual, cuál es la causa primaria o causas de este fenómeno? (Abril 2011)

R. Según la información de la Jerarquía Espiritual, los polos magnéticos no se están invirtiendo. Los Maestros dicen que las causas son climáticas y el resultado de la enorme cantidad de lluvias torrenciales en diversas zonas del mundo. Estas lluvias no sólo causan inundaciones, sino que también traen muchos contaminantes tóxicos, incluida la radiación nuclear, que se arroja a la atmósfera desde cada central nuclear.

P. ¿Podría explicar por qué, si el calentamiento global es un gran problema, Maitreya ha "acercado a la Tierra un poco al Sol"? ¿Eso no agrava el calentamiento, y si es así podríamos asumir que cualquier cambio climático que tenga lugar al final no resultará más perjudicial que si Maitreya no hubiese realizado esta acción más bien extraña? (Junio 2006)

R. Veinte por ciento del calentamiento global está causado por el leve acercamiento de la Tierra al Sol. Ochenta por ciento está causado por nuestro uso incorrecto de los recursos y las emisiones de gas. ¿Por qué Maitreya hizo esto? Uno tiene que asumir que está hecho según la Ley y para beneficio de la humanidad. Hará que grandes zonas del norte de Europa, Asia, Canadá y Rusia, ahora cubiertas por el hielo durante la mayoría de meses del año, sean extraordinariamente fértiles para cultivar alimentos. También refuerza la necesidad de acción por nuestra parte para limitar el calentamiento global.

P. Brasil está preparando construir una gigantesca presa hidroeléctrica en una zona del Amazonas. Su construcción acarreará al pueblo indígena la pérdida de sus hogares y su entorno. Una gran área del bosque se verá destruida irreparablemente. Nuestro planeta de-

pende de las selvas tropicales. ¿Sería ésta una causa donde los Maestros podrían intervenir para salvar los bosques? (Octubre 2010)

R. No, eso sería un infringir del libre albedrío de la humanidad y nunca ocurriría. Es realmente un caso para que lo decida Naciones Unidas. Brasil es enorme y seguro que existen zonas menos destructivas para tal presa.

P. Activistas indios acaban de lograr impedir la construcción de una gran presa en el Río Ganges. ¿Estuvieron acertados los activistas en luchar contra un esquema que, después de todo, les traería muchos beneficios? (Octubre 2010)

R. Sí. Es una cuestión de sopesar los beneficios en contraposición a la destrucción.

P. Inundaciones, sequías, incendios, aludes de lodo –las alteraciones y la destrucción en el mundo ahora parecen haber alcanzado un nuevo punto álgido. ¿Es esto cierto? ¿Y se debe todo al karma del país específico en cuestión? (Octubre 2010)

R. La humanidad está atravesando un período de gran estrés y desequilibrio. Los devas que controlan las fuerzas del medio ambiente se ven forzados a la pérdida del equilibrio, por ello las alteraciones y la destrucción. Parte de esta destrucción es realmente el resultado del karma de países específicos.

P. ¿Fue el ciclón que azotó Birmania por causas naturales, y fueron los terremotos en China por causas naturales o del hombre? (Julio/ Agosto 2008)

R. No, no fueron por causas naturales y no fueron directamente causados por obra del hombre o manipulados. Tampoco fueron el resultado kármico del gobierno de Birmania o transgresiones de China. Fueron el resultado de la tensión y el estrés resultante que libera fuerzas que no pueden ser contenidas.

Por ejemplo, la humanidad no comprende la Ley de Causa y Efecto, la Ley de la Inofensividad. Tenemos tremenda tensión en el mundo actualmente debido a la invasión de Irak, una guerra totalmente ilegal, innecesaria y espantosa, costosa en vidas humanas. Esa guerra, la invasión por parte de norteamericanos y británicos, ha creado una tensión extraordinaria en el mundo. Eso, como también la guerra en Afganistán y la presión norteamericana sobre Irán, causa un inevitable temor en todo el mundo. Así que las personas viven en un estado de tensión debido parcialmente a las grandes energías cósmicas pero también debido a las acciones de individuos poderosos. Y las personas observan en silencio. Este país [Japón] observa en silencio porque sois aliados de Norteamérica. Pero todas las naciones del mundo deberían elevar sus voces contra este aplastamiento de otros países por parte de Norteamérica.

Norteamérica es una gran nación y se convertirá en una nación aún más grande pero tristemente está fuera de curso con su destino. Está jugando con fuerzas que no comprende. Es una nación joven, poderosa y extremadamente arrogante. Es la arrogancia de la juventud, especialmente la juventud fuerte. Es el momento de que las naciones más mayores y sabias del mundo eleven sus voces contra las acciones de Norteamérica.

La mejor manera de hacerlo es fomentar la aceptación del compartir. El compartir y la justicia traerán tranquilidad y equilibrio al mundo.

Cuando estamos desequilibrados como ahora, las fuerzas elementales subhumanas, que organizan los ciclones, terremotos, etc., las fuerzas del planeta mismo, pierden el equilibrio. Donde hay tornados regularmente, se hacen colosales; donde hay terremotos regularmente, se convierten en terremotos colosales. Las fuerzas elementales responden a nuestro estrés. La humanidad debe entender la conexión que existe entre todas las fuerzas y todos los aspectos del planeta.

P. Un terremoto de magnitud 7.7 asoló la costa de Indonesia el 21 de enero del 2006. ¿Se trató de un suceso natural? (Marzo 2006)

R. Sí.

P. El estado de Tennessee en EEUU se vio afectado por varios tornados y sufrió un vasto daño debido a las tormentas en las dos primeras semanas de abril del 2006. Algunas zonas fueron declaradas catastróficas por el gobierno federal, y alrededor de 60 personas perdieron la vida. (1) ¿Fue kármico y tuvo relación con alguna acción?

Dos sucesos tuvieron lugar en ese momento: en Gallatin, cerca de Nashville, un hombre, su madre (o madrastra), su hijo y su perro estaban en su vehículo cuando un tornado les afectó directamente. El coche fue alzado casi un metro y medio en el aire y giró repetidas

veces antes de aterrizar a casi 32 metros de lugar donde fue alzado. Era tal la velocidad, que el coche colisionó contra un árbol, que se partió, cayó y cubrió el coche. Todos en el coche sobrevivieron y el único herido fue el hombre con un corte en la oreja. (2) ¿Se trató de un milagro, y quién fue el responsable del mismo? (3) En otro incidente, un hombre y su madre se habían escondido en un armario en su casa cuando se vieron afectados directamente por un tornado. Permanecieron asidos uno al otro pero fueron separados cuando el tornado destruyó la casa y les elevó en el aire. El hombre sobrevivió pero su madre no. ¿Se trató de un milagro? (Junio 2006)

R. (1) Sí. El resultado de las acciones destructivas en Irak. (2) Sí. El Maestro Jesús. (3) Sí, por el Maestro Jesús.

P. El terremoto que asoló Haití parece especialmente cruel, dado que es uno de los países más pobres del hemisferio occidental. ¿Cuál fue la causa del terremoto? (1) ¿Fue una causa kármica, el movimiento natural de las placas tectónicas de la Tierra, o alguna otra razón? (2) ¿Evitaron los Maestros que tuviera lugar allí un desastre aún peor? (3) ¿Estuvieron los Maestros involucrados en ayudar a los heridos y moribundos en Haití? (Marzo 2010)

R. (1) Es kármico, el resultado de la larga tensión entre los pobres de Haití, el pueblo más pobre de todas las Américas, y la larga sucesión de líderes despóticos y corruptos durante décadas en Haití. (2) Sí. (3) Como siempre, sí.

P. El terremoto de magnitud 9.0 que afectó la zona noreste de Japón el viernes 11 de marzo del 2011 causó una gran pérdida de vidas y una enorme destrucción. No obstante, ¿Hubo intervención divina de Maitreya? (Abril 2011)

R. Sí, sin la cual el sufrimiento hubiera sido mucho mayor.

P. Se informó que sólo hubo entre 20 y 30 minutos entre el terremoto y el momento en el que el tsunami alcanzó la costa. Los japoneses están preparados para tsunamis a una escala menor, pero nunca antes habían experimentado un tsunami de tal magnitud, y un gran número de personas quedaron atrapadas. La cifra de muertos sigue creciendo. (1) ¿Aquellas personas que fueron arrastradas por el tsunami recibieron alguna intervención divina? (2) ¿Sufrieron? (Abril 2011)

R. (1) Sí, muchas más fueron salvadas. (2) Aunque parezca extraño, no. Maitreya tiene el poder de quitar el miedo y el dolor.

P. ¿Vinieron los Hermanos de los ovnis a monitorizar y ayudar con el accidente de la central nuclear de Fukushima? (Abril 2011)

R. Vinieron a monitorizar y ayudar si fuese necesario.

P. Dos días después de que el terremoto y el tsunami afectaran a Japón, se pueden visionar filmaciones en varios sitios de vídeo online, YouTube, por ejemplo, que supuestamente muestran actividad ovni inmediatamente después del terremoto. ¿Están las Personas del Espacio trabajando en las centrales nucleares para ayudar a frenar las fugas de radiación? (Abril 2011)

R. Sí. Estas centrales nucleares fueron, y son, de gran preocupación.

P. Habiendo leído en *Share International* a lo largo de los años sobre las formas en las cuales Maitreya y los Maestros ayudan a las personas durante desastres, espero que usted pueda asegurar a los lectores que lo mismo es cierto una vez más en Japón y también en Libia? (Abril 2011)

R. Sí, desde luego, dentro de la Ley Kármica, los Maestros son siempre los primeros en la escena con Su ayuda.

P. En febrero del 2011, Nueva Zelanda padeció un terremoto de magnitud 6.3 que devastó la parte central de la ciudad de Christchurch. Japón y Nueva Zelanda están en la misma zona sísmica y similares condiciones geográficas. ¿Hubo alguna conexión entre estos dos terremotos? (Abril 2011)

R. Sí, está teniendo lugar una gran actividad sísmica en todo el anillo del Pacífico. No debería sorprendernos de más actividad sísmica y/o de tsunami en otra parte de la zona.

P. En relación al horrendo terremoto y tsunami que acaban de ocurrir en Japón, ¿podría decir si es kármico o proviene de causas naturales? (Abril 2011)

R. El terremoto japonés y el reciente en Nueva Zelanda tienen causas naturales, relacionadas con el movimiento de las Placas del Pacífico en la así conocida zona sísmica 'Anillo de Fuego' del Pacífico. No obstante, si leéis el Artículo del Maestro de este ejemplar de *Share International*, veréis que existe una causación kármica, proveniente de la humanidad en su conjunto, actuando de formas destructivas. Si la humanidad fuese menos destructiva, también lo sería la actividad sísmica, volcánica y ciclónica.

La Tierra Atribulada

Por el Maestro —, a través de Benjamin Creme

Se podría decir que finalmente algunos hombres están comenzando a tomarse seriamente los peligros planteados por el calentamiento global y los consiguientes cambios climáticos que está causando. Es cierto que existe mucha discrepancia sobre la realidad y alcance de los peligros, y de los mejores medios para abordar los problemas que se admite que existen. Sin embargo, no cabe duda de que algunos hombres, al menos, están reconociendo que los hombres se enfrentan a una tarea formidable para detener el progreso de la destrucción y estabilizar el medio ambiente. También es cierto que incluso los hombres más conscientes y preocupados conocen poco la amplitud y complejidad de los problemas.

El problema de la contaminación es uno de tales casos. La contaminación toma muchas formas, algunas obvias y fáciles de abordar, si existe la voluntad de hacerlo. Algunas, sin embargo, requieren de una ciencia y un remedio aún desconocidos para el hombre; son tan tóxicos y destructivos que deberían tener la máxima prioridad para superarlos. El efecto de la contaminación en la calidad del aire, los alimentos, en los animales y en los peces, en los ríos y los océanos, es conocido pero en gran parte ignorado. El más destructivo de todos, el causado por la radiación nuclear, espera el descubrimiento por parte de los científicos de la Tierra. Los niveles superiores de la radiación nuclear están más allá de la actual tecnología atómica. También son los más tóxicos y peligrosos para el hombre y los reinos inferiores. En todos esos niveles deben superarse los problemas de la contaminación. Esto puede lograrse sólo con una completa reconstrucción de las actuales estructuras políticas, económicas y sociales.

El hombre ha devastado y contaminado la Tierra, y dañado gravemente su propio entorno. Ahora el hombre debe considerar como una primera prioridad remediar aquello que ha dañado para así restablecer la salud de su planeta enfermo. Él debe aprender a simplificar sus exigencias sobre el planeta y aprender la belleza de la simplicidad y la alegría de compartir.

El hombre tiene poca elección: la urgencia de la tarea exige acción inmediata; pocos realmente comprenden la verdadera magnitud del daño ya infligido. La pregunta puede formularse: ¿puede el planeta Tierra ser salvado y con qué medios?

La respuesta es un rotundo ¡SÍ! y por medios que conllevan la transformación de los modos de vida actuales de la mayoría de los hombres.

La suma ambición de los así denominados países 'desarrollados' es lograr un siempre creciente porcentaje de crecimiento de sus economías para hacerse, así, más ricos; y, en un mundo económico basado en la competencia, alcanzar dominio y poder, y así disfrutar de niveles más elevados de vida. Siendo esto así, el pillaje de la Tierra, el arrogante despilfarro de recursos, se considera como algo natural y necesario. Esta acción irresponsable ha llevado finalmente al planeta Tierra al borde de la ruina.

Maitreya, podéis estar seguros, no tardará en abordar este urgente problema y en presentar Sus soluciones. El primer paso, Él abogará, es la aceptación de la urgencia que muchos actualmente niegan. El compartir, Él dirá, es el comienzo del proceso de cambio que proporcionará las respuestas a nuestras penurias y a la rehabilitación de la Tierra.

(*Share International*, Noviembre 2007)

Radiación Nuclear y Centrales Nucleares

P. (1) ¿Cuál es la mejor forma de convencer a la ciencia médica que, tanto si las centrales nucleares padecen accidentes, sufren desastres, fugas, etc., como si no, el mero hecho de que existan es peligroso y altamente tóxico? (2) ¿Un avance en el desarrollo de la tecnología de la fotografía Kirlian proporcionaría una prueba efectiva? (3) Si no, ¿qué enfoque científico podría conducir de forma más rápida a encontrar pruebas de cuán contaminante es la energía nuclear? (Julio/Agosto 2011)

R. (1) Si fuese posible yo ya lo hubiera hecho hace mucho tiempo. He estado hablando sobre los peligros de la radiación nuclear durante 30 años o más. Estos 'científicos' solo escucharan a los de su propio género, que desafortunadamente comparten las mismas estrecheces de mira. (2) No. (3) La experiencia de desastres como los de Fukushima, Chernobyl, etc.

P. El consejo jerárquico es que todas las centrales nucleares deberían cerrarse lo antes posible. (1) Los científicos afirman que la energía nuclear es más limpia que la energía basada en el carbono; (2) que no existen alternativas eficientes reales. (3) Tanto dinero se invierte en la industria nuclear que es prácticamente imposible liberar nuestras economías de la misma. ¿Podría por favor comentar sobre los puntos planteados arriba? (Julio/Agosto 2011)

R. (1) En términos de carbono sí, pero no en términos de destructividad. (2) La alternativa es el proceso de *fusión* de la energía nuclear. No depende de la fisión. Es limpio, frío, no produce desechos y según el Maestro Djwhal Khul (que dio las enseñanzas de Alice A. Bailey) solo precisa un simple isótopo del agua, disponible en todo el mundo, para satisfacer nuestras necesidades energéticas. Existen diversas fórmulas para el proceso de fusión, algunas de las cuales ya han sido compradas por subsidiarias de la industria petrolera para proteger su dominio. (3) Esto es cierto en relación a las naciones industriales sofisticadas pero no para todo el mundo. No necesitamos centrales eléctricas basadas en la fisión nuclear. Son anticuadas y extremadamente peligrosas.

P. Podría el Maestro por favor indicar cómo las necesidades energéticas pueden satisfacerse a corto y medio plazo, suponiendo que

el mundo siga el consejo de la Jerarquía de poner fin al uso de la energía nuclear. (Julio/Agosto 2011)

R. El proceso de fusión fría (ver pregunta anterior).

P. ¿Es probable que el cese completo de toda actividad relacionada con la energía nuclear producida por fisión tenga lugar en los próximos 25 años? (Julio/Agosto 2011)

R. Sí.

P. Cierta cantidad de energía nuclear es necesaria para aplicaciones médicas, ¿necesita también el mundo prescindir de ella? ¿Qué la reemplazaría a corto plazo? (Julio/Agosto 2011)

R. Ésta será reemplazada con la venidera forma avanzada de ingeniería genética.

P. Desde Fukushima se ha desarrollado un denominado "test de estrés nuclear". (1) ¿Cree que es lo suficientemente riguroso? (2) ¿Es el test de estrés un intento honesto y no manipulado de comprobar la seguridad y resaltar los peligros? (Julio/Agosto 2011)

R. (1) No. (2) Podría ser un intento honesto pero ciertamente no uno efectivo. Toda la cuestión es que la tecnología de la ciencia nuclear actual es inadecuada para medir todo el rango de la energía de la materia.

P. ¿Es un descenso significativo del actual estándar de vida y bienestar una consecuencia inevitable de deshacerse de la energía atómica? (Julio/Agosto 2011)

R. No, para nada.

P. ¿Dónde actualmente se encuentran las centrales nucleares más peligrosas en el mundo? (Julio/Agosto 2011)

R. Todas las centrales con más de 20 años de antigüedad son especialmente sospechosas tanto si han sufrido un accidente como si no.

P. ¿Son los trastornos y mutaciones genéticas consecuencias inevitables de la exposición a la contaminación nuclear? (Julio/Agosto 2011)

R. Sí.

P. Alemania anunció que abandonará la energía nuclear en los próximos años. ¿Cree que otros países seguirán el ejemplo? (Julio/ Agosto 2011)

R. Sí, con el tiempo.

P. La empresa de electricidad de Tokio y varios expertos aún están debatiendo sobre qué hacer con las centrales nucleares dañadas en Fukushima, Japón. Mientras tanto, el gobierno japonés ha estado informando a los evacuados que solían vivir en las ciudades y aldeas vecinas que están trabajando duro para permitirles volver a sus hogares lo antes posible. Yo creo que el gobierno les está dando falsas esperanzas cuando uno recuerda la situación en Chernóbil donde las zonas circundantes aún están clausuradas 25 años después del accidente nuclear. ¿Podría por favor comentar sobre esta situación? (Marzo 2012)

R. No es el mismo tipo de reactor como el de Chernóbil, y la situación por tanto no es la misma. Es demasiado pronto para indicar con cualquier grado de confianza si se puede restaurar o se ha de abandonar completamente. La situación está cambiando todo el tiempo y no es estable. Con tremenda buena suerte y el trabajo duro de los ingenieros, es posible que pueda restaurarse y que las personas puedan regresar de aquí a unos pocos años o más. Mi Maestro aconseja extrema precaución al considerar volver a vivir allí.

P. ¿Existe algún país que no haya sido impactado por la radiación nuclear después de los trágicos problemas en Japón? (Mayo 2011)

R. Hasta ahora, ningún país ha sido impactado por la radiación nuclear proveniente de Japón.

P. ¿Sería mejor dejar de comer pescado dado que todos los mares están conectados? (Mayo 2011)

R. Todos los océanos y masas continentales del mundo ya están afectadas hasta cierto punto por la radiación nuclear, como también el aire que respiramos. Los Hermanos del Espacio invierten el 90 por ciento de Su tiempo y esfuerzo neutralizándola (dentro de la Ley Kármica). Nosotros sin motivos agotamos los bancos pesqueros del mundo, pero poniendo las cosas en perspectiva, aún existe gran cantidad de peces en el mar.

La Forma en que Trabaja Maitreya

P. ¿Por qué Maitreya piensa que es necesario para Él emerger físicamente para completar el cambio de conciencia humana? (Octubre 2007)

R. Maitreya ha regresado físicamente al mundo cotidiano como parte del regreso similar que está experimentando la Jerarquía de Maestros. Se denomina la Exteriorización de la Jerarquía. Además de eso, Él ha regresado en sentido físico pleno para poder realizar Su trabajo como el Instructor del Mundo para la Era Acuariana. Si Él no estuviera en una forma física, Él no obtendría la atención de incontables millones de personas que necesitan a alguien que puedan ver y oír directamente. Incluso ahora, muchos que gustosamente creen que Él está aquí, y están dispuestos a responder a Su Enseñanza, están indecisos porque no pueden verle. Incontables más, mientras tanto, persiguen a Gurús y dudosos Avatares, porque tienen que ver una persona física para relacionarse.

P. Puede el cuerpo físico de Maitreya contener toda la conciencia de la energía del Cristo, o sólo una pequeña parte de ella? (Abril 2008)

R. No solo una pequeña parte de ella sino que sí, contiene un 85 por ciento.

P. ¿Es Maitreya un canal para la energía del Cristo, o es su cuerpo físico diferente del nuestro? (Abril 2008)

R. Maitreya es tan puro y tan avanzado que Él no canaliza simplemente la conciencia Crística sino que la Encarna en su totalidad. Fluye directamente desde Él hacia nosotros. Su 'Cuerpo de Luz' 'está en reposo' en los Himalayas. El cuerpo en el cual Él se manifiesta actualmente fue creado por Él mismo.

P. ¿Qué reacción tiene Maitreya hacia los evangelistas de derechas en Estados Unidos? Me parecen extremistas y peligrosos. (Junio 2009)

R. No tengo la más mínima duda de que Él les ama como te ama a ti: total e incondicionalmente.

P. ¿Cuándo se trata de ayudar a Maitreya a cumplir su misión, que incluirá a todas las religiones, que hay de aquellos que tienen un

gurú? ¿Cuándo alguien está siguiendo a otro Maestro o Gurú, cómo puede combinarse esto? (Marzo 2009)

R. Maitreya no es un líder religioso. Él esencialmente es un Instructor Espiritual incluyendo una preocupación por las necesidades políticas, económicas y sociales del mundo. Él es el Instructor del Mundo, para todas las personas, religiosas o no. La mayoría de personas tienden a ver el sendero religioso como el único sendero espiritual. Sólo es uno de los muchos senderos para experimentar a Dios. Hemos recubierto tanto la política y la economía de un profundo materialismo que hemos llegado a las condiciones críticas actuales. Tenemos que tener política y economía espirituales a través del compartir, la justicia y la libertad para todas las personas. Ese es el objetivo de Maitreya. El amor es la acción del compartir justo. Ese es el camino hacia la paz. Ninguno necesita incluso creer en la realidad de Maitreya. Es suficiente creer en lo que Él defiende. Él no desea seguidores ni devotos.

P. Hace un año y medio Maitreya comenzó Su misión abierta. Desde entonces hemos tenido el desastre de petróleo del Golfo, el tsunami japonés y su continuada lluvia radioactiva, la Primavera Árabe con tantos muertos y golpeados horrendamente, y los anómalos patrones climáticos continúan causando estragos en todo el mundo. Yo esperaba que la presencia e influencia de Maitreya nos conduciría hacia una dirección más benévola y pacífica. Parece ser que ese no es el caso y que Su presencia no significa menos agitación. De hecho, podría haber más de los mismo o peor hasta que se alcance un punto crítico. ¿Podría comentar sobre esta aparente dicotomía y en qué momento podríamos esperar ese punto crítico? Gracias por todo su buen trabajo a lo largo de los años. (Noviembre 2011)

R. Naturalmente, dada la diferencia entre su punto de evolución y experiencia, las personas normales y corrientes y los Maestros ven los acontecimientos del mundo de formas totalmente diferentes. Nosotros sólo vemos una secuencia de eventos aislados y, dependiendo de nuestro estado mental, a menudo solo los vemos como amenazadores, no deseados o aterradores. Los Maestros ven los mismos eventos pero también todos los demás eventos que están sucediendo simultáneamente en todos los planos, que nosotros no vemos debido a nuestra limitada conciencia despierta. Los Maestros ven acontecimientos elevarse y descender a través de los planos. Muchos de los acontecimientos que para nosotros son tan poderosos y amenazadores, para la visión de los Maestros se desvanecen y desaparecen, mientras al mismo tiempo grandes movimientos energéticos encarnando nuevas estructuras, pensamientos e ideas gradualmente descienden y se manifiestan en el plano físico. De esta manera está teniendo lugar una formidable transformación de la cual, en su mayor parte, la humanidad no tiene conocimiento.

Se pregunta cuándo podemos esperar el punto crítico en ciernes. El punto crítico ya ha comenzado. Cada vez más de lo 'nuevo' se está concretizando en los planos inferiores, cada vez menos de los 'desechos' del pasado está ahora ejerciendo su influencia. Relativamente muy pronto nos haremos conscientes de un 'apaciguamiento' del mundo y mientras la humanidad actúa, todo depende de la acción de la humanidad, también la efervescencia de lo nuevo podrá tener lugar. La humanidad tiene que verse como una fuerza en acción no simplemente como un simple espectador esperanzado de estos formidables eventos. Como Maitreya dice: "Nada sucede por sí solo. El hombre debe actuar e implementar su voluntad". Esto, la humanidad está empezando a hacer.

P. Ésta es una pregunta sobre la diversidad al presentar la historia de la Reaparición. Si es cierto que otros veteranos discípulos se negaron a presentarla al público, entonces quizás la historia hasta ahora solo ha sido presentada desde una perspectiva, es decir, como una continuación del trabajo de Blavatsky/Bailey. ¿Podría por favor comentar sobre esto? (Marzo 2007)

R. Cierto realmente, así ha sido, pero yo nunca he dicho que estas otras cuatro personas fuesen veteranos discípulos. Dije que se trataba de otros cuatro discípulos. Existe una diferencia. Ninguno de ellos estaba en contacto con un Maestro. Si lo hubiesen estado, probablemente hubiesen actuado como yo lo hice. Si yo no hubiese estado en contacto con un Maestro y hubiese recibido la información como ellos probablemente lo hicieron, quizás tampoco hubiese actuado. Pero yo tenía un Maestro diciendo: "Sigue, sal y dilo al mundo".

No era para nada mi idea salir y hablar al mundo. ¡Nunca lo hubiera hecho si no me hubiese visto más bien empujado a hacerlo! Así que no culpo a los otros por no haberse presentado. Es cierto, por tanto, que mayoritariamente ha llegado como una continuación de la información de Blavatsky/Alice Bailey, que yo creo es la correcta. Nunca la hubiese podido presentar de otra manera. Me sustento en las enseñanzas de Blavatsky y Alice Bailey, que yo creo son las enseñanzas directas de la Jerarquía. Yo solo estoy interesado en aquello que creo es la verdad.

No obstante, existen otras maneras en las que se podría presentar esta información. Podrías ser un cristiano creyente. Estoy seguro de que muchas personas en los grupos son cristianos creyentes. Ellos podrían salir y hablar sobre esto como el regreso del Cristo, y no necesitarían referirse a Alice Bailey o Blavatsky o cualquiera de la enseñanza impartida. Podría presentarse de muchas maneras diferentes. Yo no soy estas otras personas, así que no puedo presentarla en ninguna otra manera más que como lo hago. Pero estoy absolutamente seguro de que puede presentarse de otras maneras.

Por ejemplo, los musulmanes esperan al Imán Mahdi. Hubo dos pakistaníes que fueron enviados a Londres aproximadamente cuando Maitreya vino aquí. Ambos conocieron a un 'hombre santo', uno en Lahore y otro en Karachi. No se conocían entre sí y los hombres santos eran diferentes pero cada uno les contó la misma historia, que debían ir a Londres a preparar el camino para el Imán Mahdi. Un hombre era un periodista y estaba involucrado en política. Él dijo: "No, no puedo. Tengo mi trabajo, Soy un periodista y soy miembro del partido político del padre de Banazir Bhutto" (antes de que fuese asesinado). Él dijo: "Es imposible que pueda ir". El hombre santo le dijo meses antes que debía ir a Londres, y le dio cosas que había perdido años antes y conocía cosas sobre su familia que sólo su familia sabía. Él se presentó a sí mismo como alguien muy entendido. Él le dijo: "Si no vas, los acontecimientos se confabularan para forzarte a ir".

Lo mismo sucedió con el otro hombre, que era un abogado. Él dijo: "No puedo ir. Tengo mi propio bufete de abogado". El hombre santo dijo: "Si no vas, los acontecimientos se confabularan para forzarte a ir".

El resultado fue que el Sr. Bhutto fue asesinado y cualquier persona relacionada con él se convirtió en sospechosa. Buscaban a miembros del partido de Bhutto. No conozco qué posición ocupaba el periodista, pero estaba bien relacionado en el partido. Él tenía un hermano que vivía en la comunidad asiática de Londres. Renunció a su trabajo y se fue a Londres, y consiguió un trabajo como periodista en un periódico pakistaní.

El abogado, mientras tanto, presenció cómo su negocio fracasaba, y antes de caer demasiado bajo, lo vendió para el bien de su bufete y también se fue a Londres. Estos dos hombres no se conocían entre ellos, y no se conocieron hasta que publiqué un anuncio a página completa en uno de los periódicos en la comunidad asiática de Londres, diciendo que el Mahdi había regresado al mundo y que vivía en la comunidad asiática de Londres. La información se difundió por la comunidad. Estos dos hombres de Pakistán la leyeron. Sucedió que el hermano de uno de ellos conocía al otro. Así que invitó a ambos, y descubrieron que habían tenido la misma experiencia. Cada una en diferentes ciudades, hombres santos distintos les habían dado exactamente las mismas instrucciones. Así que decidieron ponerse en contacto conmigo y me reuní con ellos.

Yo anuncié en mayo de 1982 que Maitreya estaba en la comunidad asiática de Londres, y que si reconocidos periodistas de calibre llevaban a cabo una búsqueda para encontrarle, Él se les presentaría. Yo esperaba que muchos periodistas extranjeros hicieran esto y les pedí a estos dos hombres que actuaran como sus guías en la más bien cerrada comunidad asiática, y ellos accedieron.

Sin embargo, el que era periodista simplemente esperó a que Maitreya le tocara en el hombro. El otro leyó todo lo que pudo sobre el Imán Mahdi, y en el proceso se convirtió en un musulmán devoto. Desde entonces ha escrito un libro sobre la venida al mundo del Imán Mahdi.

Puedes presentar esta información a la manera cristiana, musulmana, budista. Maitreya Buddha es esperado por todos los budistas. Los budistas japoneses creen que aún faltan 5.670 millones de años para ello, así que no hay prisa. Puede presentarse como si se tratase de Krishna o Kalki Avatar, o como el Mesías judío. Todos se refieren a Maitreya, tanto si lo saben como si no.

Yo lo presento de la forma Jerárquica, que yo creo es la más informada, la más verdadera, la más profunda, la menos distorsionada. Todas las formas religiosas están distorsionadas en cierto grado. Les ha llevado cientos o miles de años llegar hasta nosotros, y todas se han distorsionado. Toda escritura sagrada está descolorida en cierto grado. Solo en la enseñanza esotérica, yo creo, recibes la información correcta.

Si estás en contacto con un Maestro, eso es lo mejor de todo. No necesitas ningún libro o ninguna otra enseñanza. Puedes hablar directamente y eso es lo mejor. Pero eso es poco común. Eso es realmente bastante poco frecuente.

P. Existe una tendencia en las personas a dañar deliberadamente otras criaturas vivientes, como atormentar y torturar a otros hombres y animales, y obtener 'satisfacción' de ello. ¿Proviene esto de sufrir estérilmente de imperfección, de ser incompleto y de la sepa-

**ración? Me parece que esto no se encuentra en los animales. (Enero/
Febrero 2006)**

R. De imperfección, separación y complacencia. De una incomprensión
de la Ley de Causa y Efecto o Karma, la Ley del Renacimiento y la Ley
de la Inofensividad. También existe, en todo el mundo, ira y frustración
reprimidas que pasan de generación en generación por el condicionamiento, que irrumpe en las personas y se descarga en la horrorosa crueldad descrita.

**P. (1) He oído de personas en situaciones en el umbral de la muerte
que ha sido salvadas a través de algún tipo de intervención divina.
¿Por qué algunas personas reciben estos milagros y otras no? Parecería que Dios es injusto aquí. (2) Maitreya le gusta denominarnos
"complacientes". Esto es crítica. Pensaba que Él estaría en contra de
la crítica. (Mayo 2006)**

R. (1) Esto está regulado por la Ley de Causa y Efecto o Karma. Las
personas son ayudadas o curadas según su condición kármica. Nuestras
acciones en ésta y en vidas anteriores –sean inofensivas o destructivas–
determinan lo que sucede. (2) No sé si Maitreya le 'gusta' denominarnos
complacientes. El hecho es que nosotros en Occidente *somos* complacientes ante tanto hambre y sufrimiento innecesario en el mundo. Es uno
de los factores principales de nuestra capacidad de aceptar tal crueldad.

**P. ¿Qué traerá Maitreya que sea notablemente diferente de las ver-
dades que han sido dichas en anteriores generaciones? (Octubre
2008)**

R. Su amor, Su sabiduría, Su mente, Su energía. Nunca ha habido un
Avatar mejor equipado que lo que está Maitreya ahora.

**P. ¿Cuál es la diferencia entre verdadera y falsa esperanza? (No-
viembre 2009)**

R. La verdadera esperanza emana del alma y es por tanto una cualidad
espiritual. Llena a la persona con el deseo de buscar y visualizar una
aspiración para la mejora del futuro y es por tanto una fuerza motriz de
la evolución misma. Esa es la razón de que, para la humanidad, la esperanza es un aspecto esencial de la vida.

La falsa esperanza, por otro lado, es la expresión de un deseo emocional de creencia, ayuda y seguridad. Es esencialmente el resultado del temor y frecuentemente conduce a la decepción.

P. El libre albedrío es sacrosanto. Sin embargo, ¿existen límites a ese libre albedrío? Como ejemplo, ¿qué pasaría si alguien fuese a suicidarse? Se llamaría a la policía y lo detendrían. ¿Se verían obligadas las personas a intervenir bajo tales circunstancias o es el libre albedrío sacrosanto bajo cualquier y todas las circunstancias, siempre y cuando no se haga daño a los demás, y se debe dejar a las personas hacer lo que desean mientras que no hieran a otra persona? (Julio/ Agosto 2011)

R. El libre albedrío de la humanidad, visto desde el punto de vista de los Maestros, es sacrosanto y Ellos no lo infringen. Eso limita el grado en el cual los Maestros pueden ayudar a la humanidad. Esa es la Ley. La humanidad misma tiene un libre albedrío limitado, dependiendo del nivel de evolución de la persona. Cuanto más evolucionada, más actuará la persona dentro de la Ley y así tendrá libre albedrío. Cuanto menos evolucionada sea una persona, menos vivirá dentro de la Ley de Causa y Efecto –karma– y así tendrá menos control sobre ella.

P. Tengo una pregunta sobre 'tensión espiritual', que se menciona en algunos de sus libros: ¿qué es exactamente? ¿Cómo puedo lograrla? Usted describe 'tensar la tensión' pero no tengo claro qué es. (Diciembre 2011)

R. La tensión espiritual resulta, para algunos, del foco e identificación con un ideal espiritual, o, para otros, de la práctica de los preceptos de Maitreya: honestidad de mente, sinceridad de espíritu y desapego. Enfocar la mente de esta forma sirve para 'tensar' la tensión.

P. ¿Existe algo de la 'esencia' masculina o femenina, una cualidad diferente que puede expresarse o experimentarse solo (o de forma dominante) por hombres y mujeres, y que no sean las diferencias físico-biológicas o que se herede por la cultura? (Diciembre 2011)

R. Sí. Este es un reflejo de la realidad espiritual de Dios Padre/Madre.

La Elección de la Humanidad

La Elección de la Humanidad y el Ritmo del Cambio

Este artículo es una respuesta editada que Benjamin Creme dio en la Conferencia de Meditación de Transmisión en San Francisco, EEUU, en agosto de 2001 (antes de los acontecimientos del 11/9).

Todos en el mundo tienen la responsabilidad de mantener la paz en el mundo. De forma práctica, en las denominadas democracias, las personas que tienen algo que decir, incluso si solo supone emitir su voto en una tarjeta en un sistema que podría, ser o no, justo e incorruptible, tienen la responsabilidad de utilizar su voz y suscitar un resultado de esa forma. Ellos quizás tienen más responsabilidad que los millones de personas que sufren hambruna en el mundo, los pobre, los hambrientos, aquellos que no tienen conexión con ningún tipo de estructura política y así no tienen medios de hacer saber sus necesidades.

Obvia decir que ellos tienen las mayores necesidades de todos pero ninguna voz. Es precisamente esa voz la que Maitreya les otorgará. Él dará voz a las necesidades de los pobres, los hambrientos, los desplazados, y aquellos encarcelados en todo el mundo. Cientos de miles de personas están en la cárcel simplemente por el crimen de tener un punto de vista diferente del actual gobierno. Se da por sentado que son encarcelados y languidecen en prisión, y a menudo padecen graves torturas. No tienen voz. Maitreya hablará por ellos y por todos aquellos que necesitan una voz pero no la tienen.

Aquellos que tienen una voz, educación, un sistema de voto, y un grado de democracia tienen una responsabilidad especial. Es la responsabilidad del pueblo norteamericano, por ejemplo, cambiar los puntos de vista de vuestro presidente en aquello que afecta al mundo en su conjunto. En aquello que solo afecta a Norteamérica, su voz es tan importante como la vuestra. Pero allí en donde afecta al mundo en su conjunto, él solo tiene una minúscula voz entre todas las voces del mundo. Debéis reducir esa minúscula voz para acomodar los puntos de vista del resto del mundo.

Norteamérica es rica (que mantenga esa riqueza o no está por verse), militarmente poderosa, y actualmente la única superpotencia. Esos hechos

se les han subido a la cabeza al presidente de EEUU [George W. Bush].
Él se ha vuelto histérico en su uso de ese poder. Él desea instaurar una
Norteamérica no solo segura sino inexpugnable en todos los recodos. Es
imposible en la actualidad hacer inexpugnable a ningún país., ni incluso
un país tan grande como Estados Unidos, ni incluso tan grande como fue
la Unión Soviética, que abarcaba un sexto del mundo. ¿Veis cuán inexpugnable era? De igual manera, nada permanece inmóvil. Nada permanece igual para siempre. Los Estados Unidos de América hoy no es más
que un producto final de un anteproyecto al igual que la Unión Soviética
fue un producto final de un anteproyecto que la estableció en 1917.

Las cosas se mueven y cambian. Depende de vosotros, el pueblo de los
Estados Unidos, procurar que vuestro presidente cambie sus puntos de
vista. Hasta ahora se ha negado a firmar el Acuerdo de Kioto. Él no
está solo en esto, pero casi solo entre las grandes potencias: otras 180
naciones han firmado ese acuerdo e insistirán en su ratificación e implementación.

Cuando Maitreya se presente, yo creo que veréis que habrá dos respuestas: una respuesta de bienvenida, y una respuesta de los fundamentalistas
de todo tipo, no solo cristianos, que verán esto con gran preocupación.
Algunos, una minoría, pensarán que es el Anticristo. Y le creerá una relativamente pequeña minoría, una minoría de fundamentalistas cristianos.
Los fundamentalistas judíos están esperando el Mesías. Encontrarán bastante difícil aceptar a Maitreya como el Mesías. Pero cuando lo hagan,
transformará toda la escena en Oriente Medio.

Estoy hablando sobre los efectos políticos de esto, la consecución de la
unidad a través de la acción política. Esto es de lo que trataba mayoritariamente la última parte del artículo del Maestro sobre la 'Unidad':
los peligros para el mundo y la necesidad de la realización por parte de
todas las personas, especialmente las personas educadas, autorizadas y
articuladas del mundo de dar a conocer, de ver, de comprender la necesidad de la unidad a escala internacional. Por ello la necesidad de todas las
naciones de trabajar juntas. Nada cambiará a menos de que esto ocurra.

Transformación

Muchas personas imaginan que Maitreya va a presentarse y a empezar a
hablar, y que los Maestros, uno a uno se irán presentando y empezarán a
hablar, y el mundo les escuchará y empezará a cambiar. No es tan sim-

ple como eso. Todo ha de hacerlo la humanidad. Eso significa que cualquier cambio tiene que tener, no necesariamente un consenso del 100 por ciento, pero un elevado grado de aprobación por parte de la mayoría de personas del mundo. De otra forma el cambio no perdurará. Sería un infringir del libre albedrío si la humanidad tomara decisiones por el valor del consejo de Maitreya o de cualquiera de los Maestros, que ya no hubiera tenido la aprobación de la inmensa mayoría de la humanidad.

Ya no continuaremos con una simple mayoría, como un partido político. Sino que esa realidad, la realidad de toma decisiones por la mayoría, persistirá, en cierto grado, durante un largo periodo, ayudada por el consejo de los Maestros, que ayudarán a formarla y transformarla en un consenso. Pero a menos de que exista un grado de consenso, no sucederá nada. No habrá ningún cambio. Cualquier cosa impuesta no perdurará a menos que tenga la aprobación de la mayoría de las personas.

Todo lo que se cambia está abierto a ser vuelto a cambiar. Todo lo que hagas está abierto a su opuesto. Las personas reflexionarán: "¿Es esta la mejor manera de hacer esto después de todo?" Y surgirán con algo diferente. Es un proceso vivo y creativo. No es solo cambiar un conjunto de estructura por otro. Es cambiar el actual conjunto de valores por otro conjunto de valores. Estos valores no son preservados en el mismo nivel, con la misma intensidad por todas las personas. No son seguidos por las masas que podrían pensar que los preservan.

La psique humana y su cuerpo de creencias, expectativas y esperanzas es algo muy complicado. Hablando de forma general, la humanidad será invitada a poner en práctica aquello que en cualquier momento dado tiene el mayor consenso. Si es el 90 por ciento de la humanidad la que acuerda un cambio dado, yo creo que eso será suficiente. Pero si es solo el 50 por ciento o incluso solo una mayoría del 55 o 60 por ciento para un cambio político o económico dado, no se llevará a cabo. El consejo será que no está preparado para ser implementado porque no perdurará.

Existen poderosas fuerzas en el mundo que ven las cosas de forma diferente. Siempre ha sido así, y ese hábito de ver las cosas de una forma específica se ha institucionalizado. El hábito, el condicionamiento es tan poderoso, el espejismo es tan profundo, que a la humanidad en su conjunto le llevará mucho tiempo, con mucho examen de conciencia, para encontrar el consenso. Así que no deberíais buscar cambios espectaculares en el futuro inmediato. Los cambios tendrán lugar gradualmente con el mínimo de trastorno, el mínimo de destrucción o conflicto en las sociedades del mundo. Todo lo que sea aceptable se implementará. Donde no sea aceptable se pospondrá hasta que sea aceptable. Solo será aceptable cuando se cree confianza.

Confianza

Esa confianza se creará con un cambio económico. El punto de partida de la respuesta a todos nuestros problemas es la redistribución económica de los recursos del mundo. Esa es la clave de todos los demás cambios porque crea confianza. Cuando creas confianza, todo se hace posible. Entonces logras cambios en el campo político, que produce cambios en el campo económico con más facilidad. Estos cambios suscitan cambios con más facilidad en el campo puramente práctico de cuidar el planeta. Entonces no solo Norteamérica, sino los europeos, Japón y algunas de las naciones industrializadas más poderosas tendrán que examinar muy seriamente sus planes de implementar sus acuerdos como el Acuerdo de Kioto, y también otros acuerdos que se propondrán y serán firmados por un gran número de naciones.

En esta situación las Naciones Unidas se convertirá en el factor clave. Se independizará. Desafortunadamente hoy las Naciones Unidas como institución sufre una profunda desaprobación por parte de los grupos más de derechas de los Estados Unidos. Es un mérito que la sede de Naciones Unidas esté en Nueva York. Si estuviese en Londres, Ginebra, Darjeeling o Tokio, una gran parte de Estados Unidos se desentendería completamente de ella. EEUU no pagaría sus cuotas. Serían muy obstruccionistas en todo lo que Naciones Unidas quisiera hacer. Y no obstante el mundo en desarrollo tiene una enorme deuda con Naciones Unidas. Es uno de los mayores educadores del mundo. Es uno de los mayores suministradores de asistencia sanitaria a millones de personas que no tienen otros medios sanitarios. Sin Naciones Unidas, que es un triunfo de la sociedad moderna, millones de personas sufrirían más necesidad de la que padecen actualmente. Así que debéis dar a Naciones Unidas cada onza de vuestra fortaleza y apoyo.

En un libro de Agni Yoga, introducido por Helena Roerich, Maitreya dijo: "Hubo un tiempo en el que 10 hombres justos podían salvar el mundo. Luego vino un tiempo en el cual 10.000 no eran suficientes. Yo invocaré a 1.000 millones". Existen 6.000 millones de personas en encarnación actualmente. Hace dos o tres años pregunté a mi Maestro: "¿Ha conseguido Maitreya los 1.000 millones?" Él dijo: "1.500 millones". Esa cifra ha crecido desde entonces. Ahora supera los 1.500 millones de personas [1.800 millones en 2006] preparadas a responder a Maitreya, preparadas cuando el de la señal de dar un paso adelante, de aportar sus talentos, su buena voluntad, de ayudar en todo lo necesario.

La restauración del planeta

Maitreya creará cuerpos pioneros que irán por todo el mundo implementando y gestionando los cambios, en primer lugar en los campos económico y político. Cuando estos cambios estén implementados en cierto grado, la restauración de la salud del planeta será lo siguiente. Como lo ha dicho mi Maestro repetidas veces, y como Maitreya lo dijo en Sus Mensajes (ver *Mensajes de Maitreya el Cristo*), esta será la primera prioridad en el mundo. Esta es la cama en donde descansamos. Este Planeta Tierra es la fuente de nuestro ser, y no obstante lo estamos destruyendo con cada día que pasa. El Maestro dice que la contaminación es la principal causa de mortalidad en el mundo actualmente. El mundo se ha hecho deficitario en recursos. Estamos arruinando la estructura de nuestro mundo de tantas formas. Así que salvar el planeta se convertirá en el principal trabajo para todas las personas: cada hombre, cada mujer, cada niño. Los niños son maravillosos. Cuando concedas a un niño de entre 7 a 15 años el trabajo de salvar el planeta, lo harán mejor que cualquier otra persona, no en los altos niveles científicos, pero en los niveles inmediatos. Harán que sus madres y padres lleven una economía sostenible porque a menos que tengamos una economía sostenible, el mundo podría tener quizás otros 15 años de vida para dar que podamos soportar, y luego se deteriorará con mucha rapidez.

Nos quedan unos 15 a 20 años [ahora en 2012 son 10 a 15 años] para restaurar la salud del mundo, que podemos hacer con las recomendaciones de los Maestros, ciertas herramientas que los Maestros proporcionarán para ayudar al proceso, y con la ayuda de nuestros Hermanos del Espacio en la limpieza de nuestro planeta, especialmente el aire. El mismísimo aire que respiramos está muy contaminado actualmente, sobre todo con radiación nuclear, que incluso ni reconocemos como un gran factor contaminante. Es el contaminante más peligroso para nuestro sistema inmune, y tiene una vida que se alarga durante miles de años. Nuestros océanos, ríos, lagos y manantiales, la Tierra misma, también están extremadamente contaminados y deben limpiarse, y están siendo limpiados de forma continua, dentro de los límites kármicos, por nuestros Hermanos del Espacio.

Actividades de los ovnis

Cuando Maitreya se dé a conocer, Él responderá a preguntas sobre una amplia variedad de temas. Uno de ellos tendrá que ver con el fenómeno ovni. La intensa actividad de los ovnis es principalmente una de salvación de la Tierra, pero ellos también han estado ocupados durante muchos años en la creación de lo que ellos denominan una plataforma para el Instructor del Mundo, una plataforma de unificación y una plataforma energética. Es una plataforma de unificación y de forma. Han estado ocupados en la creación de un entramado energético en todo el mundo. Los así denominados círculos de las cosechas son una expresión externa del entramado de energía que están creando. Están replicando en el plano físico la red de energía magnética que rodea este planeta. Este entramado energético en el plano físico formará parte de un nuevo tipo de energía que con el tiempo se presentará al mundo. Así que los círculos de las cosechas no son solo para decir: "Estamos aquí". Ciertamente sabemos eso, sino que también dicen: "Estamos aquí para un cierto propósito".

Maitreya responderá a preguntas sobre la realidad de los Hermanos del Espacio. Pero aquellos que esperan a que flotas de naves espaciales desciendan y aterricen en Times Square o Piccadilly Circus, tendrán una larga espera. Como he dicho muchas veces, son de materia física etérica, no física densa. El aspecto físico denso que tienen cuando les vemos es solo temporal. Ellos simplemente bajan su nivel vibratorio hasta que son visibles, pero pueden volverlo a elevar hasta desaparecer. Así que no esperéis cientos de miles de aterrizajes simultáneos, la presentación por parte de Maitreya del comandante de la flota venusiana a la flota norteamericana, etcétera. No será así.

Unidad

Por el Maestro —, a través de Benjamin Creme

Cuando los hombres se juntan en grandes grupos adoptan un punto diferente de sí mismos y se ven entre ellos de una nueva forma. Se dan confianza, se fortalecen en sus deseos y se sienten atraídos hacia aquellos que apoyan su punto de vista. Esto parece natural pero ¿por qué es así?

Esencialmente, todos los hombres internamente buscan unidad y encuentran su reflejo en la conformidad de pensamiento e ideas. Este instinto se encuentra detrás de la formación de partidos políticos y otros grupos. El consenso ideológico actúa como un imán y fortalece la fuerza del conjunto.

Los grupos y partidos fracasan cuando la unidad interna es perturbada. La unidad es una cualidad del alma y es esencial para la cohesión del grupo. Un énfasis excesivo en los individuos y las diferencias de personalidad tiende así a debilitar los lazos unificadores que mantienen al grupo junto.

Este principio puede verse funcionar en cada departamento de actividad humana. La subida y caída de partidos, grupos e incluso de naciones están condicionadas por esta ley. La unión hace la fuerza, dicen los hombres, y así es, porque es la naturaleza esencial del hombre.

La unidad no es tan difícil de alcanzar en las primeras etapas de formación de un grupo; si el propósito de su comienzo es lo suficientemente magnético, solo eso puede mantener junto a un grupo. Sin embargo, el tiempo trae diferencias y descontento. Voces fuertes y variadas surgen y buscan imponer su voluntad. Si el *deseo* por la unidad se pierde el grupo, inmediatamente, está amenazado.

El propósito subyacente de toda vida es la creación de unidad, expresando así la interconexión de todos los átomos. Para la mayoría de los hombres, el cosmos es una colección de cuerpos materiales separados, infinitamente grande y distante, obedeciendo inertemente las leyes mecánicas de la materia. En realidad, el cosmos, el Espacio Mismo, es una entidad viviente, la Fuente de nuestro Ser, nuestra Madre y Padre. Como almas, sabemos que esto es así, y buscamos dar expresión a la unidad fundamental de nuestra naturaleza.

Un grupo, por tanto, pierde su unidad por su cuenta y riesgo. Sin tal unidad no funciona como grupo sino ciegamente, sin propósito y cohesión, una colección dispar de actitudes y condicionamiento.

Estamos entrando en la Era del Grupo; Acuario, y sus energías, pueden vivirse y experimentarse sólo en formación grupal. La mayor cualidad de Acuario, también, es Síntesis. Su fusión y mezcla de rayos se impondrán en las vidas de todos hasta que, gradualmente, la alquimia más elevada alcance su propósito benéfico y la raza de los hombres sea Una. Así será. Así los hombres conocerán la verdad de que la Unidad es fuerza, la naturaleza esencial de nuestro Ser, el propósito que todos los hombres se esfuerzan por conseguir y hacia el cual todas las actividades de los hombres buscan dar expresión.

Cuando Maitreya mismo emerja en el futuro muy cercano, Él resaltará la necesidad de la unidad en todas nuestras tareas. Él mostrará cuán esencial es que encontremos una identidad de propósito, como hombres y naciones, para resolver los problemas humanos, poniendo así nuestras poderosas individualidades al servicio del grupo.

(*Share International*, Julio/Agosto 2001)

La 'Mano' de Maitreya

Esta foto muestra la huella de la mano de Maitreya, manifestada milagrosamente en el espejo de un lavabo en Barcelona, España. No es simplemente una huella de mano sino una imagen tridimensional con detalle fotográfico.

Publicada por primera vez en la revista *Share International* (Octubre 2001), la 'Mano' es un medio para invocar las energías curativas y ayuda de Maitreya. Colocando la mano propia sobre ella, o simplemente mirándola, la curación y ayuda de Maitreya puede invocarse (sujeto a la Ley Kármica). Hasta que Maitreya emerja abiertamente, y veamos Su rostro, es lo más cerca que Él puede venir hasta nosotros.

"Mi ayuda está a vuestra disposición, sólo tenéis que pedirla."

Maitreya, el Instructor del Mundo, del Mensaje Nº 49

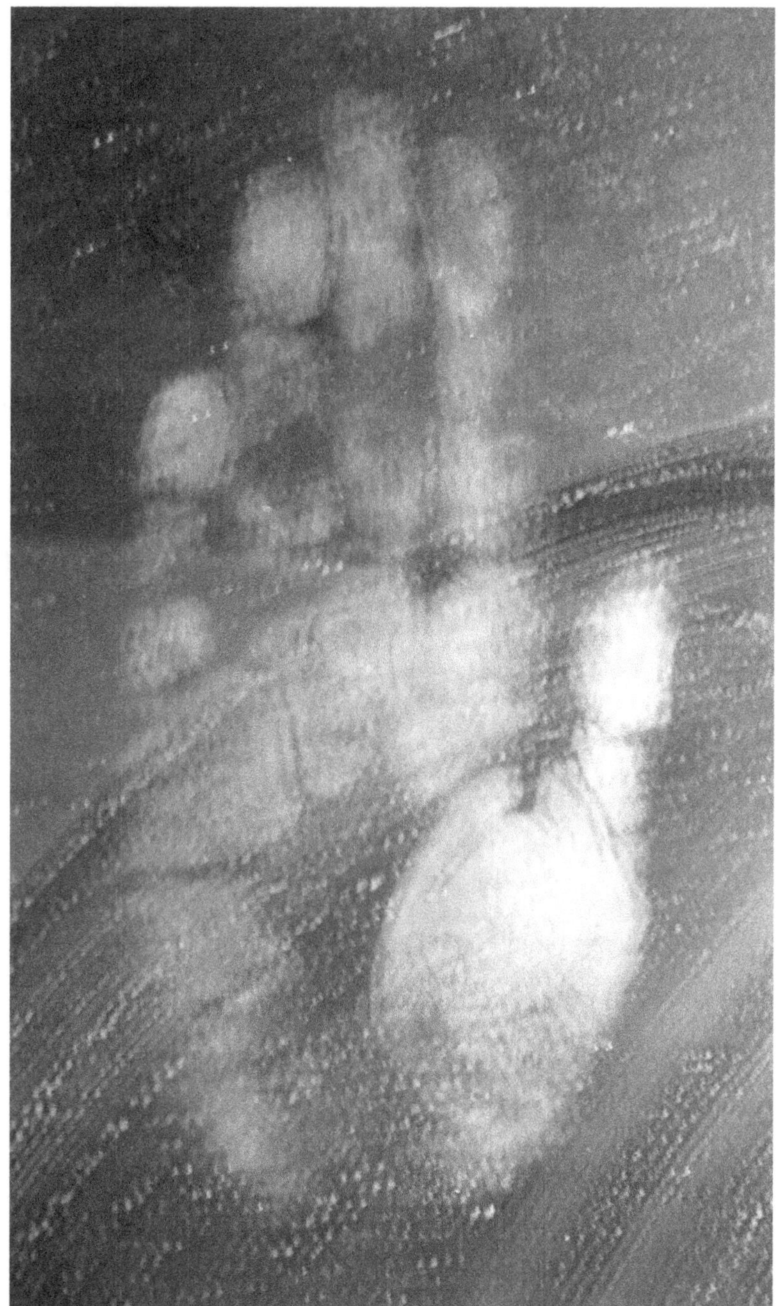

Meditación de Transmisión

— Una breve introducción —

Una meditación grupal que proporciona tanto un servicio dinámico al mundo como un poderoso desarrollo espiritual y personal.

La Meditación de Transmisión es una meditación grupal establecida para distribuir mejor las energías espirituales de sus custodios, los Maestros de Sabiduría, nuestra Jerarquía Espiritual planetaria. Es un medio de "reducir" (transformar) estas energías para que se vuelvan más asequibles y útiles para el público en general. Es la creación, en cooperación con la Jerarquía de Maestros, de un vórtice o depósito de energía elevada para el beneficio de la humanidad.

En marzo de 1974, bajo la dirección de su Maestro, Benjamin Creme formó el primer grupo de Meditación de Transmisión en Londres. Actualmente existen cientos de grupos de Meditación de Transmisión en todo el mundo y se forman grupos nuevos todo el tiempo.

Los grupos de Meditación de Transmisión proporcionan un enlace por el cual la Jerarquía puede responder a la necesidad del mundo. El motivo principal de este trabajo es el servicio, pero también constituye un poderoso método de crecimiento personal. Muchas personas están buscando formas de mejorar el mundo. Este deseo de servir puede ser poderoso, pero difícil de cumplir, en nuestras ajetreadas vidas. Nuestra alma necesita de un medio por el cual servir, pero no siempre respondemos a su llamada, y así producimos desequilibrio y conflicto en nuestro interior. La Meditación de Transmisión proporciona una oportunidad única para servir de una forma potente y totalmente científica con el mínimo de inversión de tiempo y energía.

Benjamin Creme realiza talleres de Meditación de Transmisión en todo el mundo. Durante la meditación él es adumbrado por Maitreya, el Instructor del Mundo, lo que permite a Maitreya conferir nutrición espiritual a los participantes. Muchas personas se inspiran para comenzar a practicar la Meditación de Transmisión después de asistir a tales talleres, y muchos reconocen haber recibido curación durante el proceso.

[Véase *Transmisión: Una Meditación para la Nueva Era* de Benjamin Creme, Share Ediciones]

La Gran Invocación

Desde el punto de Luz en la Mente de Dios
Que afluya luz a las mentes de los hombres.
Que la Luz descienda a la Tierra.

Desde el punto de Amor en el Corazón de Dios
Que afluya amor a los corazones de los hombres.
Que Cristo retorne a la Tierra.

Desde el centro donde Voluntad de Dios es conocida
Que el propósito guíe a las pequeñas voluntades de los hombres—
El Propósito que los Maestros conocen y sirven.

Desde el centro que llamamos la raza de los hombres
Que se realice el Plan de Amor y de Luz
Y selle la puerta donde se halla el mal.

Que la Luz, el Amor y el Poder restablezcan el Plan en la Tierra.

La Gran Invocación, utilizada por el Cristo por primera vez en Junio de 1945, fue dada por Él a la humanidad para facultar al hombre a invocar las energías que podrían cambiar nuestro mundo y hacer posible el retorno del Cristo y la Jerarquía. Esta Oración Mundial, traducida a muchos idiomas, no está patrocinada por ningún grupo o secta. Es utilizada a diario por hombres y mujeres de buena voluntad que desean lograr correctas relaciones en toda la humanidad.

La Oración para la Nueva Era

Yo soy el Creador del Universo.

Yo soy el Padre y la Madre del Universo.

Todo viene de Mí.

Todo regresará a Mí.

Mente, Espíritu y Cuerpo son Mis Templos,

Para que el Ser realice en ellos

Mi Supremo Ser y Devenir.

La Oración para la Nueva Era, dada por Maitreya, el Instructor del Mundo, es un gran mantram o afirmación con un efecto invocativo. Será una herramienta poderosa en nuestro reconocimiento de que el hombre y Dios son Uno, de que no hay separación. El 'Yo' es el Principio Divino detrás de toda creación. El Ser emana del Principio Divino y es idéntico a él.

La forma más efectiva de utilizar este mantram es decir o pensar el texto con la voluntad enfocada, mientras se mantiene la atención en el centro ajna en el entrecejo. Cuando la mente comprende el significado de los conceptos, y se ejerce la voluntad simultáneamente, estos conceptos serán activados y el mantram funcionará. Si se dice sinceramente cada día, crecerá en ti una comprensión de tu verdadero Ser.

(Publicada por primera vez en *Share International*, Septiembre 1988.)

Libros de Benjamin Creme

(Ordenados según fecha de publicación en inglés)

La Reaparición del Cristo y Los Maestros de Sabiduría

El primer libro de Benjamin Creme proporciona la información básica y pertinente en relación al regreso de Maitreya, el Cristo. Colocando el acontecimiento más profundo de los últimos 2.000 años en su correcto contexto histórico y esotérico, Creme describe los efectos que tendrá la presencia del Instructor del Mundo tanto en las instituciones del mundo como en la persona normal y corriente. Los temas abarcan desde el alma y la reencarnación, a la energía nuclear, los ovnis, y un nuevo orden económico.

1ª Edición 1989. 2ª Edición 1994. 3ª Edición 2020 ISBN Nº 84-89147-56-0 (Share Ediciones). (Traducción de la 2ª Edición Inglesa)

Mensajes de Maitreya el Cristo

Durante los años de preparación para Su emerger, Maitreya dio 140 mensajes a través de Benjamin Creme durante conferencias públicas, utilizando el adumbramiento mental y la conexión telepática que surge de ello. Los Mensajes de Maitreya inspiran al lector para divulgar la noticia de Su reaparición y para trabajar de forma urgente en el rescate de las millones de personas que sufren de pobreza y hambruna en un mundo de abundancia. Cuando se leen en voz alta, los mensajes invocan la energía y bendición de Maitreya.

2ª Edición 2020. ISBN Nº 84-89147-57-7 (Share Ediciones). (Traducción de la 2ª Edición Inglesa)

Transmisión: Una Meditación para la Nueva Era

La Meditación de Transmisión es una forma de meditación grupal con el propósito de 'reducir' (transformar) energías espirituales que así se hacen asequibles y útiles para el público en general. Es la creación, en cooperación con la Jerarquía de Maestros, de un vórtice o estanque de energía superior para el beneficio de la humanidad.

Describe un proceso dinámico, presentado al mundo por el Maestro de Benjamin Creme en 1974. Grupos dedicados al servicio al mundo transmiten energías espirituales dirigidas a través de ellos por los Maestros de nuestra Jerarquía Espiritual. Aunque el principal motivo de este trabajo es el servicio, también es un poderoso medio de crecimiento personal. Se dan directrices para la formación de grupos de transmisión, junto con respuestas a muchas preguntas relacionadas con el trabajo.

2ª Edición 2020. ISBN Nº 84-89147-59-1 (Share Ediciones). (Traducción de la 6ª Edición Inglesa)

Un Maestro Habla, Tomo I

La Humanidad está guiada, desde detrás del escenario, por un grupo de hombres altamente evolucionados e iluminados que nos han precedido en el sendero de la evolución. Estos Maestros de la Sabiduría, como son llamados, raramente aparecen abiertamente, sino que en general trabajan a través de Sus discípulos – hombres y mujeres que influencian a la sociedad a través de su trabajo en ciencia, educación, arte, religión y política.

El artista británico Benjamin Creme es un discípulo de un Maestro con El cuál está en estrecho contacto telepático. Desde el inicio de la publicación de Share International, la revista de la cual Benjamin Creme es uno de los dos editores jefes, su Maestro ha contribuido con una serie de artículos inspiradores sobre una amplia variedad de temas: Razón e Intuición, La Nueva Civilización, Salud y Curación, El Arte de Vivir, La Necesidad de Síntesis, La Justicia es Divina, El Hijo del Hombre, Los Derechos Humanos, La Ley del Renacimiento – y muchos más.

El principal propósito de estos artículos es llamar la atención sobre las necesidades actuales y las de un futuro inmediato. Otra función es dar información sobre las enseñanzas de Maitreya, el Maestro de todos los Maestros, que está en Londres desde 1977 preparándose para Su misión como Instructor del Mundo para toda la humanidad. Esta nueva y ampliada edición contiene todos los 222 artículos de los primeros 22 volúmenes de Share International.

2ª Edición 2020. ISBN Nº 84-89147-58-4 (Share Ediciones). (Traducción de la 3ª Edición Inglesa)

Un Maestro Habla, Tomo II

La Humanidad está guiada, desde detrás de la escena, por un grupo de hombres altamente evolucionados e iluminados que nos han precedido en el sendero de la evolución. Estos Maestros de la Sabiduría, como son llamados, raramente aparecen abiertamente, sino que en general trabajan a través de Sus discípulos – hombres y mujeres que influencian a la sociedad a través de su trabajo en ciencia, educación, arte, política y cada esfera de la vida.

El artista británico Benjamin Creme era un discípulo de un Maestro con el cuál estaba en estrecho contacto telepático. Desde el lanzamiento en 1982 de la publicación de Share International, la revista de la cual Benjamin Creme era el editor fundador, su Maestro ha contribuido con una serie de artículos inspiradores sobre una amplia variedad de temas: La fraternidad del hombre, El fin de la guerra, Unidad en la diversidad, Salvar el planeta, Las ciudades del mañana, y muchos más.

El propósito de estos artículos es, en las propias palabras del Maestro, "presentar a los lectores de esta revista un retrato de la vida que está por delante, inspirar un enfoque positivo y feliz a ese futuro y equiparles con las herramientas de conocimiento con las que tratar correctamente los problemas que a diario surgen en el camino. Desde Mi situación de privilegio en experiencia y visión, he buscado actuar como 'vigilante' y guarda, para advertir del peligro cercano y permitirte a ti, el lector, actuar con valor y convicción en el servicio al Plan."

Un Maestro Habla, Tomo II, contiene todos los artículos publicados en la revista Share International de Enero de 2004 hasta Diciembre de 2016.

1ª Edición 1995. ISBN Nº 84-89147-53-9 (Share Ediciones). (Traducción de la 1ª Edición Inglesa)

La Misión de Maitreya, Tomo I

El primer libro de una trilogía que describe con amplitud adicional el emerger de Maitreya. Este tomo puede considerarse como una guía para la humanidad mientras realiza su viaje evolutivo. Se cubre una amplia gama de temas, como: las nuevas enseñanzas del Cristo, meditación, karma, vida después de la muerte, curación, transformación social, iniciación, papel del servicio, y los Siete Rayos.

2ª Edición 2020. ISBN Nº 84-89147-60-7 (Share Ediciones). (Traducción de la 3ª Edición Inglesa)

La Misión de Maitreya, Tomo II

Este volumen contiene una variada colección de las enseñanzas de Maitreya a través de Su colaborador, Sus muy precisas predicciones de acontecimientos mundiales, descripciones de Sus apariciones personales milagrosas, e información de fenómenos y señales relacionados. También contiene entrevistas únicas con el Maestro de Benjamin Creme sobre temas actuales. Tópicos relacionados con el futuro incluyen nuevas formas de gobierno, colegios sin muros, energía y pensamiento, la Tecnología de la Luz venidera, y el arte de la realización del Ser.

2ª Edición 2020. ISBN Nº 84-89147-61-4 (Share Ediciones). (Traducción de la 1ª Edición Inglesa)

Las Enseñanzas de la Sabiduría Eterna

Una perspectiva general del legado espiritual de la humanidad, este libro es una introducción concisa y fácil de entender de las Enseñanzas de la Sabiduría Eterna. Explica los principios básicos del esoterismo, incluyendo: la fuente de la Enseñanza, el origen del hombre, el Plan de evolución, renacimiento y reencarnación, y la Ley de Causa y Efecto (karma). También incluye un glosario esotérico y una lista de lectura recomendada.

2ª Edición 2020. ISBN Nº 978-84-89147-69-0 (Share Ediciones). (Traducción de la 1ª Edición Inglesa)

La Misión de Maitreya, Tomo III

Benjamin Creme presenta una visión convincente del futuro, con Maitreya y los Maestros ofreciendo abiertamente Su orientación e inspiración. Los tiempos venideros verán la paz establecida; el compartir de los recursos mundiales como norma; la conservación de nuestro medio ambiente como la máxima prioridad. Las ciudades del mundo se convertirán en centros de gran belleza. Creme también analiza a 10 famosos artistas – incluyendo a da Vinci, Miguel Angel y Rembrandt – desde una perspectiva espiritual.

2ª Edición 2020. ISBN Nº 84-89147-62-1 (Share Ediciones), 682 páginas. (Traducción de la 1ª Edición Inglesa)

El Gran Acercamiento: Nueva Luz y Vida para la Humanidad

Aborda los problemas de nuestro mundo caótico y su cambio gradual bajo la influencia de Maitreya y los Maestros de Sabiduría. Cubre temas como compartir, EEUU en un dilema, conflictos étnicos, crimen, medio ambiente y contaminación, ingeniería genética, ciencia y religión; educación, salud y curación. Predice extraordinarios descubrimientos científicos venideros y muestra un mundo libre de guerra donde las necesidades de todas las personas son satisfechas.

Primera Parte: "La Vida Futura para la Humanidad"; Segunda Parte: "El Gran Acercamiento"; Tercera Parte: "La Llegada de una Nueva Luz".

2ª Edición 2020. ISBN 84-89147-63-8 (Share Ediciones). (Traducción de la 1ª Edición Inglesa)

El Arte de la Cooperación

Trata de los problemas más acuciantes de nuestros tiempos, y sus soluciones, basándose en las Enseñanzas de la Sabiduría Eterna. Encerrados en la vieja competencia, intentamos solucionar los problemas utilizando métodos anticuados, mientras que la respuesta –la cooperación– yace en nuestras manos. El libro muestra el sendero hacia un mundo de justicia, libertad y paz a través de un creciente aprecio por la unidad que subyace toda vida.

Primera Parte: "El Arte de la Cooperación"; Segunda Parte: "El Problema del Espejismo"; Tercera Parte: "Unidad".

2ª Edición 2020. ISBN 84-89147-64-5 (Share Ediciones). (Traducción de la 1ª Edición Inglesa)

Las Enseñanzas de Maitreya: Las Leyes de la Vida

Presenta las Leyes de la Vida, la visión directa, simple, no doctrinaria y profunda de Maitreya. Revelando la Ley del Karma, o Causa y Efecto, estas extraordinarias predicciones de sucesos mundiales fueron dadas por Maitreya entre 1988 y 1993, publicándose por primera vez en la revista *Share International*. Editadas por Benjamin Creme.

Pocas personas podrían leer estas páginas sin experimentar un cambio. Para algunos, los extraordinarios comentarios sobre temas de actualidad les serán de gran interés, mientras que para otros conocer los secretos de la realización del ser, la sencilla descripción de la verdad experimentada, será toda una revelación. Para las personas que busquen comprender las Leyes de la Vida, estas sutiles y profundas revelaciones les conducirán rápidamente hasta el centro de la vida misma, y les ofrecerán un simple sendero que conduce hasta la cumbre de la montaña. La unidad esencial de toda vida se desvela de un modo claro y significativo. Jamás las leyes según las que vivimos se han descrito de una forma tan natural y liberadora.

2ª Edición 2020. ISBN 84-89147-65-2 (Share Ediciones). (Traducción de la 1ª Edición Inglesa)

El Arte de Vivir: Vivir dentro de las Leyes de la Vida

En la Primera Parte, Benjamin Creme describe la experiencia de vivir como una forma de arte, como la pintura o la música. Alcanzar un nivel elevado de expresión requiere tanto el conocimiento como el cumplimiento de ciertos principios fundamentales como la Ley de Causa y Efecto y la Ley del Renacimiento, todo descrito con detalle. La Segunda y Tercera Parte explican cómo podemos emerger de la niebla de la ilusión para convertirnos en un todo y una conciencia despierta de uno mismo.

Primera Parte: "El Arte de Vivir"; Segunda Parte: "Los Pares de Opuestos"; Tercera Parte: "Ilusión".

2ª Edición 2020. ISBN 978-84-89147-66-9 (Share Ediciones), 272 páginas. (Traducción de la 1ª Edición Inglesa)

Maitreya, el Instructor del Mundo para Toda la Humanidad

Presenta una perspectiva general del retorno al mundo cotidiano de Maitreya y Su grupo, los Maestro de Sabiduría; los enormes cambios que la presencia de Maitreya ha suscitado; y Sus recomendaciones para el futuro inmediato. Describe a Maitreya como un gran Avatar espiritual con un amor, sabiduría y poder inconmensurables; y también como un amigo y hermano de la humanidad que está aquí para liderarnos hacia la Nueva Era de Acuario.

2ª Edición 2020, ISBN 978-84-89147-67-6 (Share Ediciones). (Traducción de la 1ª Edición Inglesa)

El Despertar de la Humanidad

Un libro asociado a El Instructor del Mundo para Toda la Humanidad, que resalta la naturaleza de Maitreya como la Personificación del Amor y la Sabiduría. Mientras que El Despertar de la Humanidad se centra en el día en que cual Maitreya se declarará a Sí mismo abiertamente como el Instructor del Mundo para la era de Acuario. Describe el proceso del emerger de Maitreya, los pasos que conducirán al Día de la Declaración, y la respuesta anticipada de la humanidad a este momento trascendental.

2ª Edición 2020, ISBN 978-84-89147-68-3 (Share Ediciones). (Traducción de la 1ª Edición Inglesa)

La Agrupación de las Fuerzas de la Luz: Ovnis y Su Misión Espiritual

La Agrupación de las Fuerzas de la Luz es un libro sobre ovnis, pero con una diferencia. Está escrito por alguien que ha trabajado con ellos y tiene conocimiento desde dentro. Benjamin Creme ve la presencia de ovnis como planeada y de inmenso valor para las personas de la Tierra.

Según Benjamin Creme, los ovnis y las personas dentro de ellos están consagrados a una misión espiritual para aliviar la suerte de la humanidad y salvar a este planeta de una destrucción adicional y veloz. Nuestra propia Jerarquía planetaria, liderada por Maitreya, el Instructor del Mundo, que ahora vive entre nosotros, trabaja incansablemente con sus Hermanos del Espacio en un proyecto fraternal para restablecer la cordura en esta Tierra.

Los temas tratados en este libro incluyen: el trabajo de los Hermanos del Espacio en la Tierra; George Adamski; círculos de las cosechas; la nueva Tecnología de la Luz; el trabajo de Benjamin Creme con los Hermanos del Espacio; los peligros de la radiación nuclear; salvar el planeta; la 'estrella' que anuncia el emerger de Maitreya; la primera entrevista de Maitreya; educación en la Nueva Era; intuición y creatividad; familia y karma.

Primera Parte: "Ovnis y Su Misión Espiritual"; Segunda Parte: "Educación en la Nueva Era"

2ª Edición 2020. ISBN 978-84-89147-70-6 (Share Ediciones). (Traducción de la 1ª Edición Inglesa)

Unidad en la Diversidad: el Camino Adelante para la Humanidad

Necesitamos una visión nueva y esperanzadora para el futuro. Este libro presenta tal visión: un futuro que abarca un mundo en paz, armonía y unidad, mientras que la cualidad y el enfoque de cada individuo son bienvenidos y necesarios. Es visionario, pero expresado con una lógica convincente e irresistible.

Unidad en la Diversidad: El Camino Adelante para la Humanidad incumbe al futuro de cada hombre, mujer y niño. Trata del futuro de la misma Tierra. La humanidad, indica Creme, está en una encrucijada y tiene que tomar una gran decisión: seguir hacia adelante y crear una nueva y brillante civilización en la cual todos son libres y la justicia social reina, o continuar como estamos, divididos y compitiendo, y presenciar el fin de la vida en el planeta Tierra.

Creme escribe para la Jerarquía Espiritual en la Tierra, cuyo Plan para la mejora de toda la humanidad presenta. Él muestra que el sendero hacia adelante para todos nosotros es la realización de nuestra unidad esencial sin el sacrificio de nuestra igualmente diversidad esencial.

2ª Edición 2020. ISBN 978-84-89147-71-3 (Share Ediciones). (Traducción de la 1ª Edición Inglesa)

Los libros de Benjamin Creme han sido traducidos del inglés y publicados en alemán, castellano, francés, holandés y japonés por grupos que han respondido a este mensaje. Algunos de estos libros también han sido traducidos al chino, croata, esloveno, finlandés, griego, hebreo, italiano, portugués, rumano, ruso y sueco. Están proyectadas más traducciones. Estos libros están disponibles en librerías locales como también online.

Revista Share International

Una revista única que publica cada mes: información actualizada sobre la reaparición de Maitreya, el Instructor del Mundo; un artículo de un Maestro de Sabiduría; ampliación de la enseñanza esotérica; respuestas de Benjamin Creme a una variedad de preguntas de actualidad y esotéricas; artículos y entrevistas con personas a la vanguardia del cambio progresista del mundo; noticias de agencias de la ONU e informes de progresos positivos en la transformación de nuestro mundo.

Share International reúne las dos líneas más importantes del pensamiento de la Nueva Era: el político y el espiritual. Muestra la síntesis que sirve de base a los cambios políticos, sociales, económicos y espirituales que están ocurriendo actualmente a escala global, y busca estimular acciones prácticas para reconstruir nuestro mundo con unas bases más justas y compasivas.

Share International cubre noticias, sucesos y comentarios relacionados con las prioridades de Maitreya: un suministro adecuado de alimentos apropiados, vivienda y cobijo adecuados para todos, sanidad como un derecho universal, el mantenimiento de un equilibrio ecológico en el mundo.

Share International se publica en inglés. Existen también versiones en alemán, esloveno, francés, holandés y japonés.

Para más información:

www.share-es.org

Sobre el Autor

Benjamin Creme, pintor y esoterista de origen escocés, ha estado durante casi 40 años preparando al mundo para el acontecimiento más extraordinario de la historia humana – el regreso de nuestros mentores espirituales al mundo cotidiano.

Ha sido entrevistado por cadenas de televisión, radio y películas documentales de todo el mundo, y ofrece conferencias regularmente por toda Europa Oriental y Occidental, los EEUU, Japón, Australia, Nueva Zelanda, Canadá y México.

Entrenado y supervisado durante muchos años por su propio Maestro, comenzó su trabajo público en 1974. Él anunció en 1982 que el Señor Maitreya, el por tanto tiempo esperado Instructor del Mundo, estaba residiendo en Londres, preparado para presentarse abiertamente si era invitado por los medios de comunicación. Este suceso es ahora inminente.

Benjamin Creme continuó llevando a cabo su tarea como mensajero de esta noticia esperanzadora hasta su fallecimiento en octubre de 2016. Sus varios libros, diecisiete, han sido traducidos a numerosos idiomas. Él era también editor jefe de la revista *Share International*, que circula en más de 70 países. Él no aceptaba dinero por ninguno de estos trabajos.

Benjamin Creme vivía en Londres, estaba casado, y tenía tres hijos.

www.ingramcontent.com/pod-product-compliance
Lightning Source LLC
LaVergne TN
LVHW010339200726
843507LV00010B/1570